任职资格标准体系设计
精细化
实操手册

池永明 编著

明确10类66个岗位的胜任标准

设计10类66个岗位的工作标准

提供10类66个岗位的结果标准

中国劳动社会保障出版社

图书在版编目(CIP)数据

任职资格标准体系设计精细化实操手册/池永明编著.—北京：中国劳动社会保障出版社，2012

弗布克人力资源管理精细化实操手册系列

ISBN 978-7-5045-9982-7

Ⅰ.①任… Ⅱ.①池… Ⅲ.①企业管理-人事管理-手册 Ⅳ.①F272.92-62

中国版本图书馆CIP数据核字(2012)第288703号

实用性、操作性、工具性是本书的三大主要特点。

本书围绕"胜任标准＋工作标准＋结果标准"这一主线，详细设计了高层管理类、营销客服类、生产质量类、技术研发类、采购供应类、仓储物流类、财务会计类、设备管理类、安全保障类、行政人事类共10类66个岗位的任职资格标准体系，是企业人力资源管理工作人员的案头实用手册。

本书适用于企业中高层管理人员、企业各个部门的负责人及工作人员，也可供企业培训师、咨询师、高校师生等阅读和使用。

中国劳动社会保障出版社出版发行

(北京市惠新东街1号 邮政编码：100029)
出 版 人：张梦欣

*

新华书店经销
中国铁道出版社印刷厂印刷装订
787毫米×1092毫米 16开本 14.5印张 300千字
2013年1月第1版 2013年1月第1次印刷
定价：36.00元
读者服务部电话：010-64929211/64921644/84643933
发行部电话：010-64961894
出版社网址：http://www.class.com.cn

版权专有 侵权必究

如有印装差错，请与本社联系调换：(010) 80497374
我社将与版权执法机关配合，大力打击盗印、销售和使用盗版图书活动，敬请广大读者协助举报，经查实将给予举报者重奖。
举报电话：(010) 64954652

前　言

人才的选、育、用、留是企业人力资源管理工作的永恒主题。企业到底需要什么样的人才？对这些人才的素质水平如何进行评价与衡量？哪些岗位的任职人员需要重点培养？本企业员工的综合素质水平与同行业的水平有哪些差距？怎样才能使员工的工作能力及其绩效水平快速提升？

而对员工来讲，想把自己快速培养成符合企业需求的优秀人才，却找不到相应的评定标准来做参照，以获得自己职业生涯的纵向提升或横向拓宽。

《任职资格标准体系设计精细化实操手册》立足于帮助企业构建符合自身实际发展水平的**任职资格标准体系**，为企业的人员招聘与选择、员工培训与开发、员工晋升与继任、素质测评与职业发展等工作提供决策工具，并为员工的工作给出具体规范。本书作为任职资格标准体系设计的工具书，主要有如下三大优势：

1. 从三大维度设计任职资格标准体系

本书按**胜任标准、工作标准、结果标准**这三大维度来设计企业的任职资格标准体系，不仅为企业解决了"这个人怎么样""这个人是否称职"的问题，以及"该岗位干什么""怎么干""如何干好"的问题，还引导企业进一步关注"该岗位干出了什么""提供何种服务""完成了哪些工作任务"。

胜任标准，指驱动员工表现出卓越绩效的一系列综合素质，是员工通过不同方式表现出来的学历、知识、经验、技能/能力、素养、自我认知、特质和动机等素质的集合。

而具备胜任标准的任职人员，在按照工作标准履行职责后，绩效水平却不太可能一致。为了尽可能达到一致的绩效水平，企业必须设定相应的行为规范与作业标准，并给出某一行为或作业应达成的结果或程度。这是企业需要设定**工作标准**的重大意义。

结果标准，是在确定作业结果评价项目的基础上，设定评估指标、制定评估标准，与各岗位的胜任标准、工作标准进行对照、分析，以衡量、评估作业目标的达成程度，注重任职人员的实际产出和贡献（即工作业绩）。

2. 按岗位职能分三级构建企业任职资格标准体系

本书围绕"**胜任标准＋工作标准＋结果标准**"这一主线，详细设计了高层管理类、营销客服类、生产质量类、技术研发类、采购供应类、仓储物流类、财务会计类、设备管理类、安全保障类、行政人事类等 66 个岗位的**任职资格标准体系**，是企业人力资源管理工作人员的**案头实用手册**。

3. 实用性、工具性兼具，可以"拿来即用"

本书从实用性的角度出发，在给出任职资格标准体系设计的基本思路后，针对上述 N 个岗位，一一设计各岗位的胜任标准、工作标准、结果标准，为企业开展任职资格标准体系的设计工作提供了"**拿来即用**"的参照范本。

同时，本书采用图形与表格交互呈现的方式，既增强了本书内容的可读性，也方便了读者"拿来即用"。

在本书的编写过程中，刘井学、孙立宏、孙宗坤、杨扬、程富建、刘伟负责资料的收集和整理，王建霞、廖应涵、王玉凤负责图表的编排，罗辉参与编写了本书的第一章，张俊娟参与编写了本书的第二章，滕晓丽参与编写了本书的第三章，韩伟静参与编写了本书的第四章，权锡哲参与编写了本书的第五章，高玉卓、李作学参与编写了本书的第六、第七章，金成哲、黄成日参与编写了本书的第八、第九章，王海燕、郭蓉、李慧参与编写了本书的第十、第十一章，全书由池永明统撰定稿。

编　者

2012 年 9 月

目 录

第1章 任职资格标准体系设计与应用 ……………………………………（1）

1.1 任职资格标准体系 ……………………………………………………（2）
1.1.1 胜任标准 ………………………………………………………（2）
1.1.2 工作标准 ………………………………………………………（4）
1.1.3 结果标准 ………………………………………………………（5）

1.2 任职资格标准体系设计 ………………………………………………（7）
1.2.1 任职资格标准体系设计流程 …………………………………（7）
1.2.2 任职资格标准体系管理制度 …………………………………（8）
1.2.3 任职资格标准体系动态调整 …………………………………（12）

1.3 任职资格标准体系应用 ………………………………………………（13）
1.3.1 人员招聘与选拔中的应用 ……………………………………（13）
1.3.2 员工培训与开发中的应用 ……………………………………（15）
1.3.3 员工晋升与继任中的应用 ……………………………………（16）
1.3.4 测评与职业发展中的应用 ……………………………………（18）

第2章 高层管理类岗位任职资格标准体系 ………………………………（21）

2.1 高层管理类岗位胜任标准体系设计 …………………………………（22）
2.1.1 营销总监胜任标准 ……………………………………………（22）
2.1.2 生产总监胜任标准 ……………………………………………（23）
2.1.3 财务总监胜任标准 ……………………………………………（24）
2.1.4 质量总监胜任标准 ……………………………………………（25）
2.1.5 技术总监胜任标准 ……………………………………………（26）
2.1.6 采购总监胜任标准 ……………………………………………（28）

2.2 高层管理类岗位工作标准体系设计 …… (29)
2.2.1 营销总监工作标准 …… (29)
2.2.2 生产总监工作标准 …… (30)
2.2.3 财务总监工作标准 …… (31)
2.2.4 质量总监工作标准 …… (32)
2.2.5 技术总监工作标准 …… (32)
2.2.6 采购总监工作标准 …… (33)

2.3 高层管理类岗位结果标准体系设计 …… (34)
2.3.1 营销总监结果标准 …… (34)
2.3.2 生产总监结果标准 …… (36)
2.3.3 财务总监结果标准 …… (38)
2.3.4 质量总监结果标准 …… (40)
2.3.5 技术总监结果标准 …… (41)
2.3.6 采购总监结果标准 …… (43)

第3章 营销客服类岗位任职资格标准体系 …… (45)

3.1 营销客服类岗位胜任标准体系设计 …… (46)
3.1.1 市场经理胜任标准 …… (46)
3.1.2 销售经理胜任标准 …… (47)
3.1.3 区域经理胜任标准 …… (48)
3.1.4 客服经理胜任标准 …… (49)
3.1.5 渠道经理胜任标准 …… (50)
3.1.6 市场专员胜任标准 …… (51)
3.1.7 销售专员胜任标准 …… (51)
3.1.8 客服专员胜任标准 …… (52)

3.2 营销客服类岗位工作标准体系设计 …… (53)
3.2.1 市场经理工作标准 …… (53)
3.2.2 销售经理工作标准 …… (54)
3.2.3 区域经理工作标准 …… (54)

3.2.4　客服经理工作标准 …………………………………………………（55）
　　3.2.5　渠道经理工作标准 …………………………………………………（56）
　　3.2.6　市场专员工作标准 …………………………………………………（57）
　　3.2.7　销售专员工作标准 …………………………………………………（57）
　　3.2.8　客服专员工作标准 …………………………………………………（58）
　3.3　营销客服类结果标准体系设计 ……………………………………………（59）
　　3.3.1　市场经理结果标准 …………………………………………………（59）
　　3.3.2　销售经理结果标准 …………………………………………………（60）
　　3.3.3　区域经理结果标准 …………………………………………………（61）
　　3.3.4　客服经理结果标准 …………………………………………………（63）
　　3.3.5　渠道经理结果标准 …………………………………………………（64）
　　3.3.6　市场专员结果标准 …………………………………………………（66）
　　3.3.7　销售专员结果标准 …………………………………………………（67）
　　3.3.8　客服专员结果标准 …………………………………………………（68）

第4章　生产质量类岗位任职资格标准体系 ……………………………………（69）

　4.1　生产质量类岗位胜任标准体系设计 ………………………………………（70）
　　4.1.1　生产经理胜任标准 …………………………………………………（70）
　　4.1.2　质量经理胜任标准 …………………………………………………（71）
　　4.1.3　计划主管胜任标准 …………………………………………………（72）
　　4.1.4　车间主任胜任标准 …………………………………………………（73）
　　4.1.5　调度主管胜任标准 …………………………………………………（74）
　　4.1.6　生产班长胜任标准 …………………………………………………（75）
　　4.1.7　质量主管胜任标准 …………………………………………………（76）
　　4.1.8　检验主管胜任标准 …………………………………………………（77）
　4.2　生产质量类岗位工作标准体系设计 ………………………………………（78）
　　4.2.1　生产经理工作标准 …………………………………………………（78）
　　4.2.2　质量经理工作标准 …………………………………………………（79）
　　4.2.3　计划主管工作标准 …………………………………………………（79）

  4.2.4 车间主任工作标准 ……………………………………………（80）

  4.2.5 调度主管工作标准 ……………………………………………（81）

  4.2.6 生产班长工作标准 ……………………………………………（81）

  4.2.7 质量主管工作标准 ……………………………………………（82）

  4.2.8 检验主管工作标准 ……………………………………………（82）

 4.3 生产质量类岗位结果标准体系设计 ……………………………………（83）

  4.3.1 生产经理结果标准 ……………………………………………（83）

  4.3.2 质量经理结果标准 ……………………………………………（84）

  4.3.3 计划主管结果标准 ……………………………………………（85）

  4.3.4 车间主任结果标准 ……………………………………………（86）

  4.3.5 调度主管结果标准 ……………………………………………（86）

  4.3.6 生产班长结果标准 ……………………………………………（87）

  4.3.7 质量主管结果标准 ……………………………………………（88）

  4.3.8 检验主管结果标准 ……………………………………………（89）

第5章 技术研发类岗位任职资格标准体系 ……………………………（91）

 5.1 技术研发类岗位胜任标准体系设计 ……………………………………（92）

  5.1.1 生产技术经理胜任标准 ………………………………………（92）

  5.1.2 产品研发经理胜任标准 ………………………………………（93）

  5.1.3 软件开发经理胜任标准 ………………………………………（94）

  5.1.4 工程技术经理胜任标准 ………………………………………（94）

  5.1.5 网络技术经理胜任标准 ………………………………………（95）

 5.2 技术研发类岗位工作标准体系设计 ……………………………………（96）

  5.2.1 生产技术经理工作标准 ………………………………………（96）

  5.2.2 产品研发经理工作标准 ………………………………………（97）

  5.2.3 软件开发经理工作标准 ………………………………………（97）

  5.2.4 工程技术经理工作标准 ………………………………………（98）

  5.2.5 网络技术经理工作标准 ………………………………………（99）

 5.3 技术研发类岗位结果标准体系设计 ……………………………………（99）

目 录

  5.3.1 生产技术经理结果标准 ……………………………………… (99)
  5.3.2 产品研发经理结果标准 ……………………………………… (101)
  5.3.3 软件开发经理结果标准 ……………………………………… (102)
  5.3.4 工程技术经理结果标准 ……………………………………… (103)
  5.3.5 网络技术经理结果标准 ……………………………………… (104)

第6章 采购供应类岗位任职资格标准体系 ……………………………… (105)

 6.1 采购供应类岗位胜任标准体系设计 ……………………………… (106)
  6.1.1 食品采购经理胜任标准 ……………………………………… (106)
  6.1.2 建材采购经理胜任标准 ……………………………………… (107)
  6.1.3 设备采购经理胜任标准 ……………………………………… (108)
  6.1.4 医药采购经理胜任标准 ……………………………………… (109)
  6.1.5 采购成本主管胜任标准 ……………………………………… (110)
  6.1.6 采购预算主管胜任标准 ……………………………………… (111)
  6.1.7 采购质控主管胜任标准 ……………………………………… (112)
  6.1.8 采购合同主管胜任标准 ……………………………………… (113)
  6.1.9 供应商管理主管胜任标准 …………………………………… (114)
 6.2 采购供应类岗位工作标准体系设计 ……………………………… (115)
  6.2.1 食品采购经理工作标准 ……………………………………… (115)
  6.2.2 建材采购经理工作标准 ……………………………………… (116)
  6.2.3 设备采购经理工作标准 ……………………………………… (117)
  6.2.4 医药采购经理工作标准 ……………………………………… (118)
  6.2.5 采购成本主管工作标准 ……………………………………… (118)
  6.2.6 采购预算主管工作标准 ……………………………………… (119)
  6.2.7 采购质控主管工作标准 ……………………………………… (119)
  6.2.8 采购合同主管工作标准 ……………………………………… (120)
  6.2.9 供应商管理主管工作标准 …………………………………… (121)
 6.3 采购供应类岗位结果标准体系设计 ……………………………… (122)
  6.3.1 食品采购经理结果标准 ……………………………………… (122)

6.3.2 建材采购经理结果标准 ………………………………………… (124)
6.3.3 设备采购经理结果标准 ………………………………………… (126)
6.3.4 医药采购经理结果标准 ………………………………………… (127)
6.3.5 采购成本主管结果标准 ………………………………………… (128)
6.3.6 采购预算主管结果标准 ………………………………………… (129)
6.3.7 采购质控主管结果标准 ………………………………………… (130)
6.3.8 采购合同主管结果标准 ………………………………………… (131)
6.3.9 供应商管理主管结果标准 ……………………………………… (132)

第7章 仓储物流类岗位任职资格标准体系 ……………………………… (135)

7.1 仓储物流类岗位胜任标准体系设计 ……………………………… (136)
7.1.1 物流经理胜任标准 ……………………………………………… (136)
7.1.2 运输主管胜任标准 ……………………………………………… (137)
7.1.3 仓储主管胜任标准 ……………………………………………… (138)
7.1.4 盘点主管胜任标准 ……………………………………………… (139)
7.1.5 配送主管胜任标准 ……………………………………………… (140)

7.2 仓储物流类岗位工作标准体系设计 ……………………………… (141)
7.2.1 物流经理工作标准 ……………………………………………… (141)
7.2.2 运输主管工作标准 ……………………………………………… (142)
7.2.3 仓储主管工作标准 ……………………………………………… (142)
7.2.4 盘点主管工作标准 ……………………………………………… (143)
7.2.5 配送主管工作标准 ……………………………………………… (143)

7.3 仓储物流类岗位结果标准体系设计 ……………………………… (144)
7.3.1 物流经理结果标准 ……………………………………………… (144)
7.3.2 运输主管结果标准 ……………………………………………… (146)
7.3.3 仓储主管结果标准 ……………………………………………… (147)
7.3.4 盘点主管结果标准 ……………………………………………… (148)
7.3.5 配送主管结果标准 ……………………………………………… (149)

第8章 财务会计类岗位任职资格标准体系 (151)

8.1 财务会计类岗位胜任标准体系设计 (152)
- 8.1.1 财务经理胜任标准 (152)
- 8.1.2 资金主管胜任标准 (153)
- 8.1.3 资产主管胜任标准 (154)
- 8.1.4 成本主管胜任标准 (155)
- 8.1.5 税务主管胜任标准 (156)
- 8.1.6 审计主管胜任标准 (157)
- 8.1.7 会计主管胜任标准 (158)
- 8.1.8 稽核主管胜任标准 (159)

8.2 财务会计类岗位工作标准体系设计 (160)
- 8.2.1 财务经理工作标准 (160)
- 8.2.2 资金主管工作标准 (160)
- 8.2.3 资产主管工作标准 (161)
- 8.2.4 成本主管工作标准 (161)
- 8.2.5 税务主管工作标准 (162)
- 8.2.6 审计主管工作标准 (162)
- 8.2.7 会计主管工作标准 (163)
- 8.2.8 稽核主管工作标准 (163)

8.3 财务会计类岗位结果标准体系设计 (164)
- 8.3.1 财务经理结果标准 (164)
- 8.3.2 资金主管结果标准 (165)
- 8.3.3 资产主管结果标准 (166)
- 8.3.4 成本主管结果标准 (167)
- 8.3.5 税务主管结果标准 (168)
- 8.3.6 审计主管结果标准 (169)
- 8.3.7 会计主管结果标准 (169)
- 8.3.8 稽核主管结果标准 (170)

第9章 设备管理类岗位任职资格标准体系 (173)

9.1 设备管理类岗位胜任标准体系设计 (174)
9.1.1 设备部经理胜任标准 (174)
9.1.2 设备工程师胜任标准 (175)
9.1.3 设备维修主管胜任标准 (176)
9.1.4 设备技术主管胜任标准 (177)

9.2 设备管理类岗位工作标准体系设计 (178)
9.2.1 设备部经理工作标准 (178)
9.2.2 设备工程师工作标准 (179)
9.2.3 设备维修主管工作标准 (179)
9.2.4 设备技术主管工作标准 (180)

9.3 设备管理类岗位结果标准体系设计 (181)
9.3.1 设备部经理结果标准 (181)
9.3.2 设备工程师结果标准 (182)
9.3.3 设备维修主管结果标准 (183)
9.3.4 设备技术主管结果标准 (184)

第10章 安全保障类岗位任职资格标准体系 (185)

10.1 安全保障类岗位胜任标准体系设计 (186)
10.1.1 安全经理胜任标准 (186)
10.1.2 后勤主管胜任标准 (187)
10.1.3 车辆主管胜任标准 (188)
10.1.4 餐厅主管胜任标准 (188)

10.2 安全保障类岗位工作标准体系设计 (189)
10.2.1 安全经理工作标准 (189)
10.2.2 后勤主管工作标准 (190)
10.2.3 车辆主管工作标准 (190)
10.2.4 餐厅主管工作标准 (191)

10.3 安全保障类岗位结果标准体系设计 ………………………………………… (191)
10.3.1 安全经理结果标准 ……………………………………………………… (191)
10.3.2 后勤主管结果标准 ……………………………………………………… (192)
10.3.3 车辆主管结果标准 ……………………………………………………… (193)
10.3.4 餐厅主管结果标准 ……………………………………………………… (194)

第11章 行政人事类岗位任职资格标准体系 ………………………………… (195)
11.1 行政人事类岗位胜任标准体系设计 ………………………………………… (196)
11.1.1 行政经理胜任标准 ……………………………………………………… (196)
11.1.2 人事经理胜任标准 ……………………………………………………… (197)
11.1.3 招聘专员胜任标准 ……………………………………………………… (198)
11.1.4 绩效专员胜任标准 ……………………………………………………… (198)
11.1.5 薪酬专员胜任标准 ……………………………………………………… (199)
11.1.6 培训专员胜任标准 ……………………………………………………… (200)
11.1.7 人事专员胜任标准 ……………………………………………………… (201)
11.1.8 接待主管胜任标准 ……………………………………………………… (202)
11.1.9 办公秘书胜任标准 ……………………………………………………… (203)

11.2 行政人事类岗位工作标准体系设计 ………………………………………… (203)
11.2.1 行政经理工作标准 ……………………………………………………… (203)
11.2.2 人事经理工作标准 ……………………………………………………… (204)
11.2.3 招聘专员工作标准 ……………………………………………………… (205)
11.2.4 绩效专员工作标准 ……………………………………………………… (205)
11.2.5 薪酬专员工作标准 ……………………………………………………… (206)
11.2.6 培训专员工作标准 ……………………………………………………… (207)
11.2.7 人事专员工作标准 ……………………………………………………… (207)
11.2.8 接待主管工作标准 ……………………………………………………… (208)
11.2.9 办公秘书工作标准 ……………………………………………………… (208)

11.3 行政人事类岗位结果标准体系设计 ………………………………………… (209)
11.3.1 行政经理结果标准 ……………………………………………………… (209)

11.3.2　人事经理结果标准 …………………………………………… (210)

11.3.3　招聘专员结果标准 …………………………………………… (211)

11.3.4　绩效专员结果标准 …………………………………………… (212)

11.3.5　薪酬专员结果标准 …………………………………………… (213)

11.3.6　培训专员结果标准 …………………………………………… (214)

11.3.7　人事专员结果标准 …………………………………………… (215)

11.3.8　接待主管结果标准 …………………………………………… (216)

11.3.9　办公秘书结果标准 …………………………………………… (217)

第 1 章

任职资格标准体系设计与应用

1.1 任职资格标准体系

任职资格，是指员工从事特定的工作领域活动的任职能力证明。标准，是用于比较的、一种所有相关群体均可接受的基础或尺度。任职资格标准，是从基本胜任或称职的角度出发，对员工履行工作职责需要具备的任职能力进行横向分类、纵向分级，建立能够创造关键绩效的、结果导向的、可以衡量的各项标准。

任职资格标准体系，是基于对工作的合理分析、任职资格的各项标准，以提高工作效率、规范工作行为为目的，同时牵引员工不断学习，为人力资源规划、员工招聘、培训与发展、晋升与继任、组织与职业发展等人力资源管理工作提供重要的决策依据。

任职资格标准体系包括胜任标准、工作标准、结果标准三大方面。其中，管理类基于工作特点定义工作标准，专业技术类则以技能定义工作标准。

1.1.1 胜任标准

（1）胜任标准识别

能否显著区分员工的工作绩效差异是判断某项胜任标准的唯一标准，即实际工作业绩卓越的员工与业绩一般的员工在该项胜任标准上的行为表现是有明显差别的。识别员工的岗位胜任特征可从以下 6 个层面进行，如图 1—1 所示。

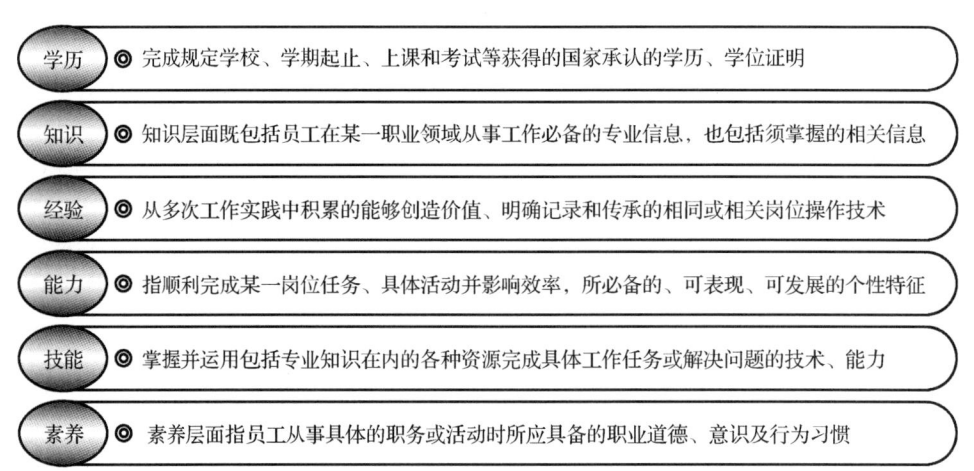

图 1—1　胜任标准识别 6 个层面

（2）胜任标准模板

依据对胜任标准的甄别和对职位基本信息的掌握，从职位胜任项、胜任子项和具体要求3方面来构建胜任标准体系，具体胜任标准模板见表1—1。

表1—1　　　　　　　　　　　　　胜任标准模板

职位基本信息	
职位名称： 所属部门：	职位编号： 直接上级：

胜任项	胜任子项	具体要求
学历	学习形式	□全日制　□函授　□自考　□夜大　□其他____ （打多个钩者表示符合其中一种形式即可）
	学历层次	□博士　□硕士　□本科　□专科　□高职高专　□中专
知识	专业知识	
	业务知识	
	基础知识	
经验	工作经验	
	培训经历	
能力	基础能力	
	通用能力	
	管理能力	
技能	上岗技能	
	业务技能	
素养	自身素养	
	职业素养	

（3）胜任标准优化

员工所具备的个体素质不同，从事的岗位工作不同，所处的组织环境不同，都会影响其工作绩效的发挥。如何优化提升企业员工的胜任标准，使其表现出最佳工作绩效，可从以下三个方面或集合中考虑，具体如图1—2所示。

员工的胜任素质、岗位胜任特征、组织环境特征三个集合的交集决定了员工的最佳工作绩效。企业在设计胜任标准时应提高三者的契合度，使三者的交集最大，才能从任职资格标

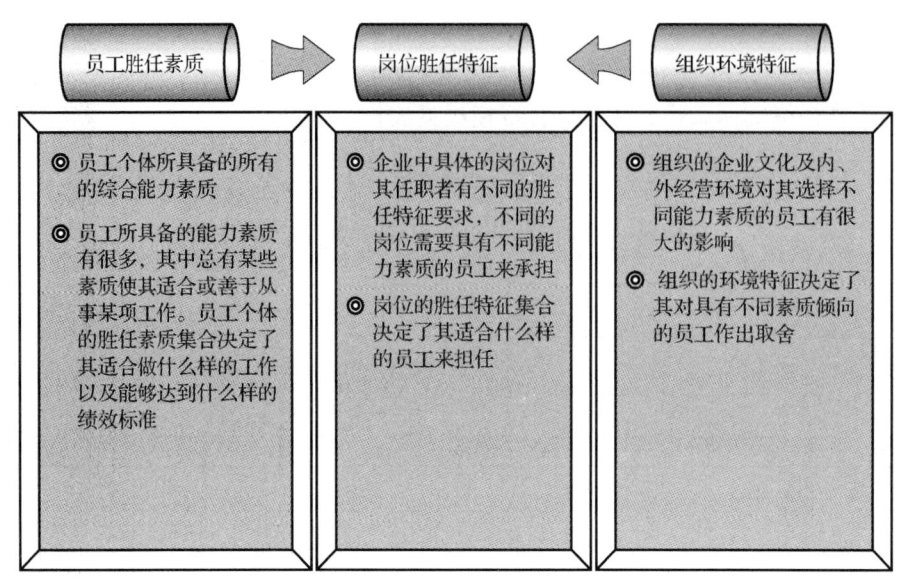

图1—2 胜任标准优化图

准体系设计中确保员工表现出卓越的绩效。

1.1.2 工作标准

工作标准,是指一个训练有素的人员在履行职责中,完成一定工作任务所应达到的成果。按照履行职责应达到的目标或程度,该职位人员完成这样的工作应该用预先设定好的方法,用其正常的努力程度和正常的技能即可实现,而无须超常发挥。

(1) 工作标准制定模板

制定工作标准的关键是定义"正常"的工作速度,"正常"的技能发挥,因此,必须寻找一个能够反映具备基本胜任标准的大多数人的正常工作能力的标准。

具备胜任标准的在岗人员,在按照工作标准履行职责的过程中,必须遵循设定的作业规范与行为规范,具体执行结果或程度如何衡量,必须针对工作事项提前设定工作成果指标或目标。具体工作标准模板及内容示例见表1—2。

而且,这种标准的建立,只凭观察一个人做一个产品的时间显然是不行的,必须观察做一定数量的产品所用的一定时间,并观察若干个人,然后用统计学方法得出标准时间。此外,即使经过这样的一些步骤建立起了工作标准,在实际工作开始之后,也仍需不断地记录日志,观察、统计,适时地进行修正。

第1章 任职资格标准体系设计与应用

表1—2　　　　　　　　　　　　工作标准模板

工作事项	工作依据与规范	工作成果或目标
1.	◆	1) 2)
2.		
3.		

（2）工作标准制定注意事项

工作标准在任职资格标准体系设计以及企业管理活动中都起着重要的作用，但是，任何事物都有其两面性，使用工作标准需要注意以下三方面事项，如图1—3所示。

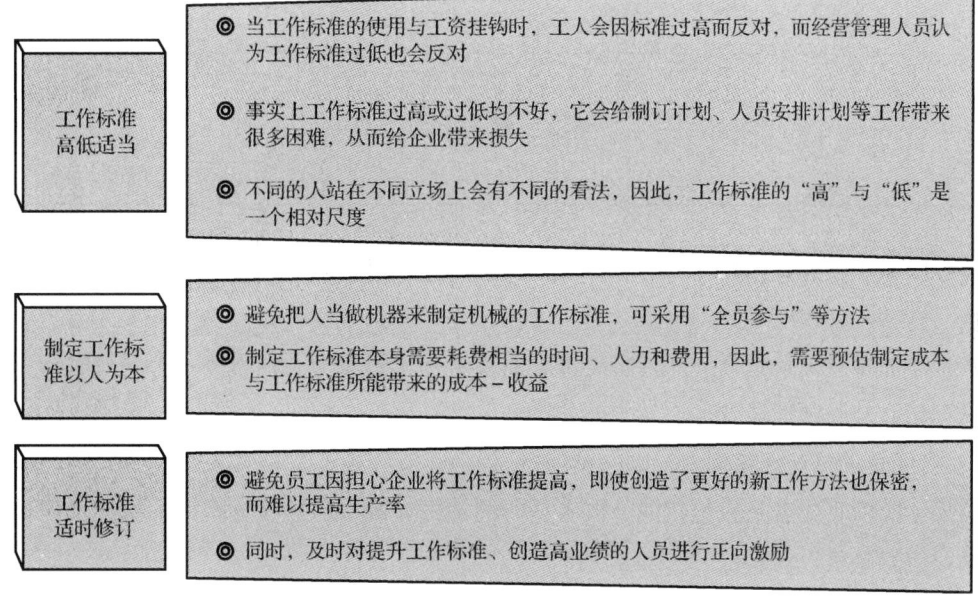

图1—3　工作标准制定注意三大事项

1.1.3　结果标准

（1）结果标准识别

如果说胜任标准是着眼于任职资格标准体系中规定的"他这个人怎么样""是否称职"，工作标准着眼于"该岗位干什么""如何去干""如何干好"，那么，结果标准则是着眼于"干出了什么""员工提供何种服务、完成了哪些工作任务或生产了哪些产品"。

结果标准，是在确定作业结果评价项目的基础上，设定评估指标、制定评估标准，与各岗位的胜任标准、工作标准进行对照、分析，以衡量、评估作业目标的达成程度，它主要注重任职人员的实际产出和贡献（即工作业绩）。其中，科学合理的工作标准是计量检验结果标准设计有效的关键。

（2）结果标准制定模板（见表1—3）

表1—3　　　　　　　　　　　结果标准模板

职位名称：	评估时间：　　年　月　日

结果项目	评估指标	评估标准
		1. 2.
		1. 2.
		1. 2.
		1. 2.

（3）结果标准设计原则

1）具体的（Specific）

结果标准项目、评估指标和评估标准的制定要切中特定的工作目标，不是笼统的而是应该适度细化，并且随情境变化而发生变化的。

2）可度量的（Measurable）

结果标准项目或者是数量化的、或者是行为化的，同时需验证这些评估指标和评估标准的数据或信息是可以获得的。

3）可实现的（Attainable）

结果标准在付出努力的情况下是可实现的，主要是为了避免设立过高或过低的目标，从而失去了任职资格标准评估的意义。

4）现实的（Realistic）

结果标准是实实在在的，是可以证明和观察得到的，是现实的而不是假设的。

5）有时限的（Time-bound）

评估指标和评估标准中要使用一定的时间单位，即设定完成这些工作绩效的期限，这也是关注效率的一种表现。

1.2 任职资格标准体系设计

1.2.1 任职资格标准体系设计流程

任职资格标准体系的设计是一项系统工程,从组建项目小组的准备工作开始,涉及组织结构、管理流程、业务活动、管理制度、培训宣贯、评估、沟通等相关人员和相关活动。任职资格标准体系的设计必须遵循一定的步骤和顺序,具体3个阶段17项重要工作事项如图1—4所示。

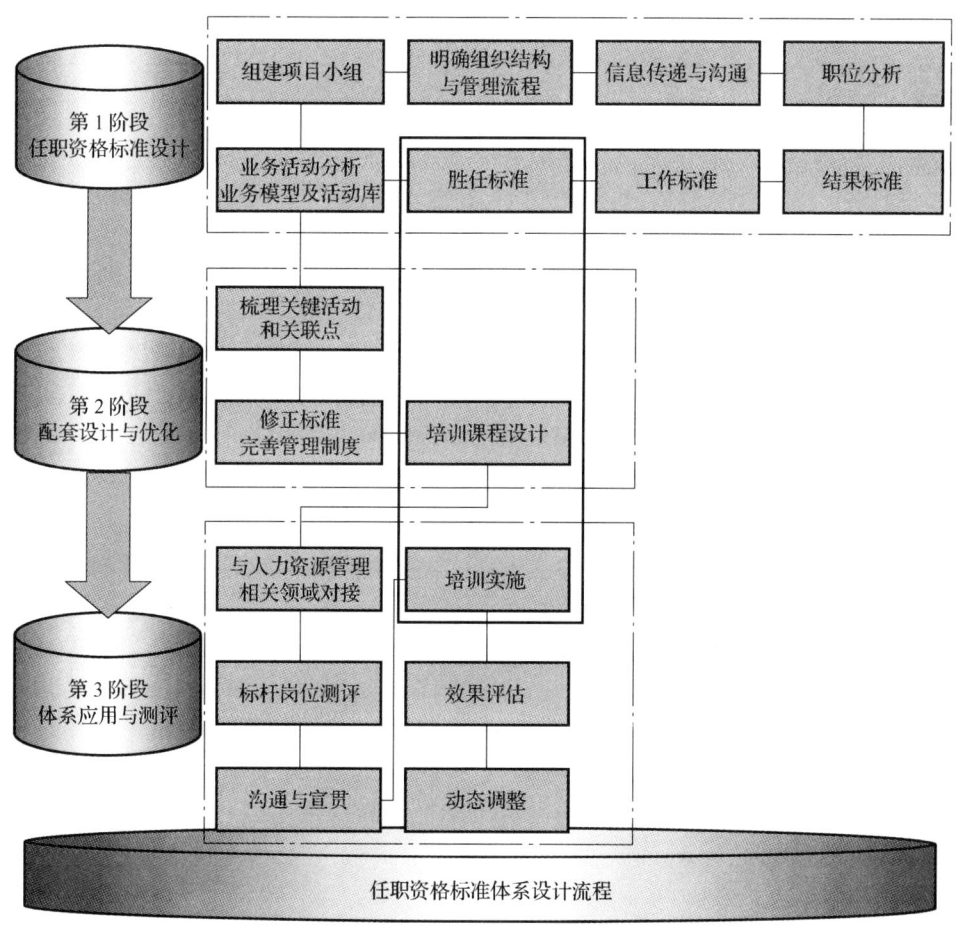

图1—4 任职资格标准体系设计流程图

1.2.2 任职资格标准体系管理制度

设计任职资格标准体系的，同时，如何解决人员进入任职资格标准体系，如何进行任职资格升降、转换等问题，需要通过建立任职资格标准体系管理制度来加以解决。

制度名称	××公司任职资格标准体系管理规定		制度编号	
			受控状态	
执行部门		监督部门	生效日期	

第1章　总则

第1条　目的

1. 公司任职资格标准体系的建立是为了加强员工职业化建设，打造职业化团队和学习型组织，全面提高公司的竞争力。

2. 为了提炼和总结公司过去的成功经验，建立企业的职业行为规范和能力要求标准，推动公司绩效的不断提升。

3. 为员工提供良好的职业生涯发展通道，加强对核心人才的激励，建立公司内部人才梯队，使人力资本不断增值。

4. 通过发挥任职资格标准体系的牵引和导向作用，增强员工的自主学习、终生学习的意识，保持公司可持续发展。

第2条　基本原则

1. 价值导向和激励原则。员工的价值体现在对企业的贡献，对于不同任职资格等级的员工，企业将提供不同的激励。

2. 能力导向和业绩导向原则。通过规范员工的行为，必须能带来业绩的提升，通过知识、技能等胜任能力的培养，使员工能力得到提高。

3. 动态调整优化原则。一方面，任职资格不搞终身制，实行定期评定和调整，能升能降；另一方面，任职资格标准本身，根据公司的发展，要不断作出调整和优化，以适应公司对人员能力不断变化的需求。

第3条　适用范围

1. 本制度是人力资源管理体系重要的基础文件之一，它适用于人员招聘、选拔任用、培训和员工职业发展规划等方面。

2. 对于有认证资格要求的岗位，公司实行任职资格等级认证制度，员工必须获得相应级别的资格认证才能上岗，具体需要认证资格的岗位另行规定，对于不需要任职资格要求的岗位，公司鼓励员工积极参与相关职种的资格认证。

第2章　任职资格管理机构和职责分工

第4条　总经理办公会

1. 负责批准任职资格管理制度和任职资格标准的编制和修订。

2. 批准任职资格评价结果，对有关申诉进行最终处理。

第5条　任职资格评审委员会

1. 委员会由公司总裁、主管人力资源的副总裁、人力资源部经理和各职种资深专家组成，必要时可聘请外部专家参加；委员会在每个职种下设评价小组，小组由该职种资深专家或相关领导、该职种专业人员及人力资源专业人员3人组成，资深专家或相关领导担任组长。

续表

2. 委员会的职责

（1）明确企业任职资格管理的目的、指导思想和工作原则。

（2）审定、批准和发布任职资格管理制度、任职资格标准和评价方法。

（3）批准员工任职资格和颁布资格证书。

（4）对任职资格管理中出现的特殊问题和重要任职资格的破格提拔作出决定。

3. 评价小组的职责

（1）各职种员工的任职资格评价。

（2）协助人力资源部制订公司任职资格管理制度、任职资格标准和评价方法。

（3）协助人力资源部开展任职资格的培训，包括培训教材的选择、编写、审核，培训讲师建议等。

（4）理解、贯彻和宣传公司的任职资格标准管理制度。

第6条 人力资源部是任职资格标准管理体系的日常管理归口部门

（1）负责提出任职资格标准管理制度。

（2）组织各部门制订和修订《任职资格标准》《评价细则》。

（3）组织任职资格材料申报，组织评审。

（4）调查任职资格评价的申诉，提出解决建议，提交总经理办公会讨论确定。

第3章 任职资格标准设计

第7条 任职资格标准体系由胜任标准、工作标准和结果标准三部分组成，国家职称或国家有关资格证书仅作为任职资格的参考。

第8条 胜任标准的基本条件，由学历和任职领域相关工作经验年限组成，它是任职资格的门槛之一，每一个职种有不同级别的任职基本条件。

第9条 工作标准描述的是每一个职种不同级别员工的工作行为规范，员工据此开展工作更容易取得较好的绩效。

第10条 结果标准由工作标准导出，它由必备知识、专业技能和专业成果组成。

三项标准具体见《××公司任职资格标准汇编》。

第11条 任职资格标准的开发与修订

任职资格标准的开发由人力资源部组织各职种成立开发小组或聘请外部咨询机构统一进行，任职资格标准的修订根据公司发展的需要由人力资源部组织进行定期或不定期修订。

第4章 任职资格评定

第12条 员工任职资格申报时间

1. 新员工进入公司半年后，由人力资源部组织新进员工任职资格考试并定级；

2. 员工取得任职资格等级，工作时间达到规定的晋级年限，其间参加规定的培训，培训成绩和绩效考核满足任职资格晋升条件后，可申报晋级；

3. 公司根据淡旺季的业务忙闲，确定每年度各部门各职种任职资格评级的时间安排，原则上，评价活动应避开旺季进行；

4. 在评级期间，各部门制定本部门评级工作计划，报人力资源部统一安排。

续表

第13条 任职资格考评流程

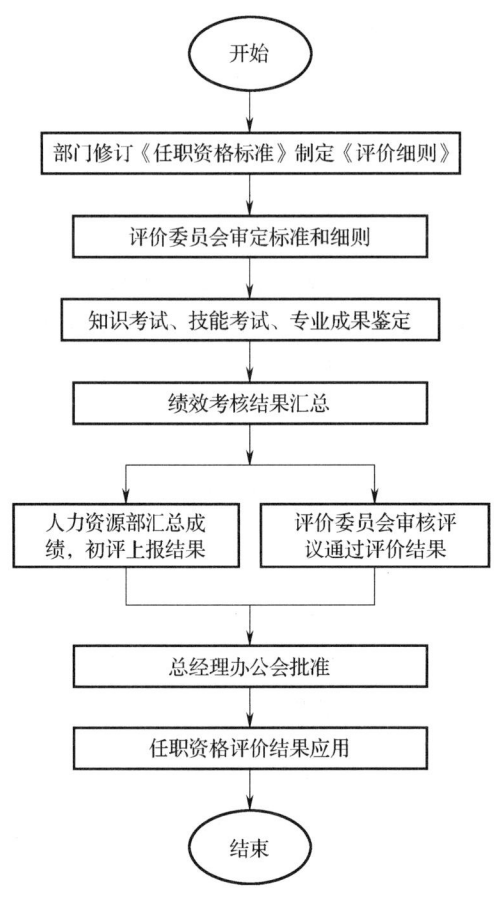

第5章 任职资格调整

第14条 调整周期

根据动态调整原则，公司每年依据员工过去一年的年度绩效考核结果对任职资格进行一次升级、保级和降级评定，与新的任职资格评定一同进行。

第15条 调整条件

任职资格调整与年度绩效考核结果挂钩，给员工月度绩效考核等级一个相应的分值，考核等级与分值对应如表1，然后将员工各月度的积分作全年平均即获得该员工的年度绩效考核结果或年度绩效评分，对于不满一个绩效考核年度的员工，按实际参加考核的月数平均获得该员工年度绩效评分，但参加考核月数少于6个月（不含）的，不计算年度绩效，也不参加该年度任职资格调整。

第16条 任职资格升级（含破格）、保级和降级

1. 年度绩效考核评分符合升级或保级要求的，即可升级或保级。对于升级，只要满足更高一级别任职资格其他申请条件的，经本人申请，评价通过，可以向上晋升一级。绩效考核评分符合降级条件的，任职资格等级自动降低一级。

续表

2. 对于在所任职领域有特殊贡献或给公司带来较大的经济效益者，可申请任职资格破格升级，经任职资格管理委员会评审批准即可破格晋升。

3. 对公司重大事故负有直接责任或对公司造成重大经济损失并受到留厂察看以上处分的员工，任职资格等级自动降低一级。

第6章 任职资格标准体系应用

第17条 任职资格标准在招聘中的应用

对于具有任职资格的岗位，在进行初次审查时，必须符合任职资格中的基本条件，并根据面试结果进入试用期，由于上部满足取得年度绩效考核和必备知识考核的学分条件，试用期满只进行专业技能评价，并根据评价结果决定是否留用。

符合专业技能评价后才能正式转正，转正后满足年度绩效考核和必备知识考核的学分条件进行任职资格评价，并根据评价结果决定是否能就任拟任岗位。

第18条 任职资格标准在选拔、任用中的应用

1. 在同一职种内的选拔与任用。在管理职种中，职位直接与任职资格挂钩，在各专业职种中，高级别（3级以上）的任职资格应有人数限制，当获得该任职资格级别的人多于限制人数时，将结合绩效考核结果从获得相应级别任职资格的人员中选拔任用，各专业职种高级别的人数限制，由人力资源部拟出方案，报任职资格管理委员会批准。

2. 跨职类、职种的选拔与任用。对于跨职类、职种的选拔与任用，在其他条件相同情况下，将优先从原任职资格具有较高级别的人员中选拔和任用，任职资格级别相同则参照绩效考核结果确定。对于任职的新职种，一年内需要进行新职种的任职资格评定，达不到新职种任职资格要求的，予以调换岗位或回到原职种岗位。

3. 公司鼓励员工跨职类、职种的任职资格申请，以培养复合型人才，对于具有双职种或多职种任职资格的人员，在选拔和任用时，公司将优先予以考虑。

第19条 任职资格标准在培训中的应用

人力资源部每年制订专门的任职资格培训计划，并将其纳入公司整体年度培训计划中。

培训教材由人力资源部组织各职种开发和评价小组或有关人员选用或自己编写，并确定每门教材的学时和学分，任职资格评定要求的学时和学分，以一年内修满为原则，学时和学分要求参见《××公司任职资格培训课程和学分规定》。

每门课培训结束时，进行考试，考试及格即获得相应学分，考试不及格的科目可以在下次培训中补考，但补考次数不得超过两次，所有学分的有效期为3年。

第7章 申诉处理

第20条 员工对任职资格评价结果、任职资格等级调整结果等有异议时，可以向人力资源部提出书面申诉。

第21条 人力资源部接受任职资格评价申诉与投诉，及时提交相应职类任职资格评价委员会，并于15个工作日内将处理结果反馈申诉人。

第22条 任职资格评价委员会根据情况确定是否重新讨论评议，需要进行重新评议的按规定程序再次进行，不需重新评议的说明理由，并及时将意见反馈人力资源部。

第23条 再次申诉投诉者，人力资源部应将申诉投诉材料按权限转至总经理办公会，由总经理办公会做出最终裁决。

续表

	第 8 章　附则				
第 24 条　本规定由人力资源部负责制定，经总经理审批后执行。					
第 25 条　本规定自颁布之日起生效。					
编制日期		审核日期		批准日期	
修改标记		修改处数		修改日期	

1.2.3　任职资格标准体系动态调整

（1）任职资格标准体系设计避免 5 大误区

1）任职资格标准体系设计之目标战略策划

任职资格标准体系策划和决策所需的信息包括：任职资格管理系统提升的职层、职类、职种随顾客与市场需要的变化而调整；关注本行业或相似行业的职种、职类、职层的科学布置与变化趋势；受组织的内部条件，包括技术、管理、资金、人力资源等方面的影响。

任职资格标准体系设计满足 3 方面要求：体现企业经营理念；考虑包括员工、股东、供方等相关方的利益；将企业经营战略及人力资源战略发展规划的内容和要求分解为实现任职资格系统的年度方针目标，目标要横向展开到相关的职能，纵向展开到相关层次。

2）区分任职资格标准体系与胜任素质模型的关系

其实国内对任职资格管理的研究还处于起步阶段，这方面的参考书籍比较少，很难形成一个统一模式。有不少人认为把冰山模型分成两部分，冰山露出水面的部分叫做任职资格管理，水面以下的部分叫做胜任素质。

本书认为，任职资格标准体系与各职类、职种、职层、职等的员工任职能、职级、职位密切相关，任职资格管理与胜任素质模型是包含与被包含的关系，即任职资格标准包括知识、技能、素质、行为、贡献等胜任标准、工作标准和结果标准，素质模型只是其中非常重要的一个部分。

3）任职资格标准体系建立需要企业各部门统一协调

有的公司任职资格在不同部门之间定性上出入很大，还有各分、子公司之间同一个岗位的任职资格出现标准不一的问题，就出现了资格标准混乱的状况。在建立任职资格管理的过程中，各个部门需要配合人力资源部门进行资格标准的订立，做到标准一致，衡量统一。

4）区分任职资格评价与绩效考核（如图 1—5 所示）

第1章　任职资格标准体系设计与应用

做正确的事情与把事情做好

- 任职资格是对岗位进行分层管理，并建立相应的标准，实际上就是明确每个人首先要去做正确的事情。而绩效考核，通常是对当期任务进行考评，在没有建立任职资格分级标准的情况下，可能存在责任分配不清，进而导致考评指标不清晰、交叉等，这就是典型的要求把事情做好，却忘了首先是要做正确的事
- 如果仅仅因为对模块工作的考核连续几次获得优或A就晋升，可能就是把优秀的人才放到了错误的位置了。任职资格评价则可以解决这个矛盾

关注全程与关注结果

- 绩效考核非常关注结果，考核周期通常为1个月、3个月、6个月等，在较短的时间内要对员工作出评价，员工难免为了得到好的评价而使用消耗过多公司资源或搞暗箱操作等手段，更何况结果往往和奖金、晋升直接挂钩，在实行强制排序和末位淘汰的公司尤为如此
- 任职资格标准体系是从投入、过程、产出三个角度对人进行评价，在具备全面性的同时，也具有长期性

图1—5　任职资格评价与绩效考核的区分图

5）任职资格标准缺乏有效应用

很多公司花大力气建立起来的一套任职资格管理体系仅仅作为员工招聘的依据，造成任职资格管理的作用大打折扣。任职资格标准体系应用广泛，在相关领域起到极大作用，能够盘活整个企业的管理，意义重大。

（2）任职资格标准体系调整

任职资格标准体系的设计不是一劳永逸的，不能一成不变，需要定期测试、评估，发现问题、适时调整，并且随着企业发展阶段和员工发展变化而调整。

1.3　任职资格标准体系应用

任职资格标准体系应用于人员招聘与选拔、培训与开发、晋升与继任工作中，起到或方便参照、有章可循、契合规范，或降低成本、提高效率等良好作用，具体领域、结构和内容如图1—6所示。

1.3.1　人员招聘与选拔中的应用

（1）基于任职资格标准体系的人员招聘与选拔流程（如图1—7所示）

（2）基于任职资格标准体系的人员招聘与选拔所具有的优势

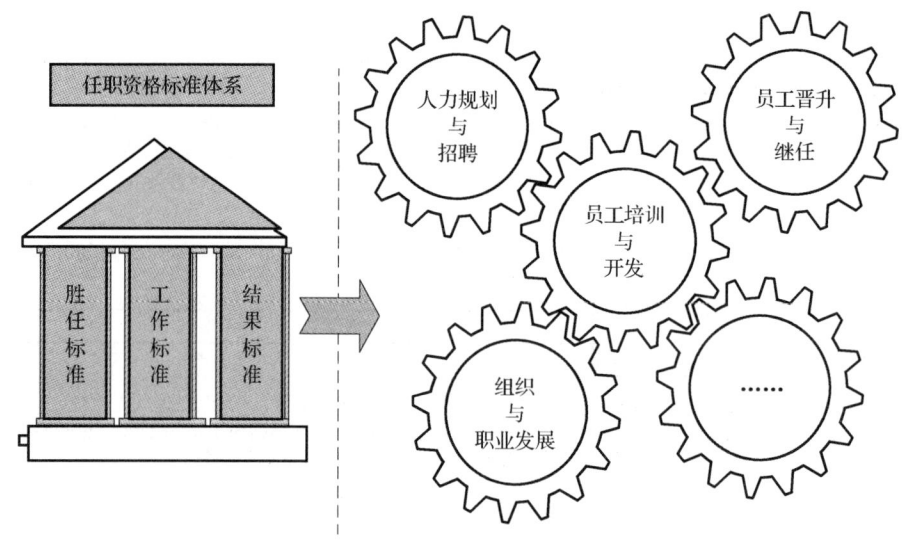

图1—6 任职资格标准体系应用领域

1) 给出全面的人员、岗位、人岗匹配的要求

传统员工甄选过程通常把焦点放在十分狭窄的工作要求上,并没有考虑称职、胜任与创造卓越业绩所需要的资格。任职资格标准体系则既考虑人员基本称职、岗位胜任特征、完成工作任务和活动的要求,又给出了作为未来的绩优者所需要的较为全面的系统要求。

任职资格标准体系保证了除规范必备的知识、技能外,还寻找了完成岗位工作的个性特征、取得卓越绩效需要的团队合作精神、沟通交流能力、衡量标准等,同时,还可以使面试考官清楚而客观地把握企业对候选人员的期望,从而正确地为企业选拔合适的人才。

2) 保证针对性、系统化的面试

有效的甄选面试中唯一的变量是候选人。传统面试过程面试考官容易出现某些偏颇,而任职资格标准有助于确保面试考官的提问问题明确、衡量标尺统一,把注意力放在获得成功的关键因素上,使决策者做出正确的甄选决定,提高招聘成功率。

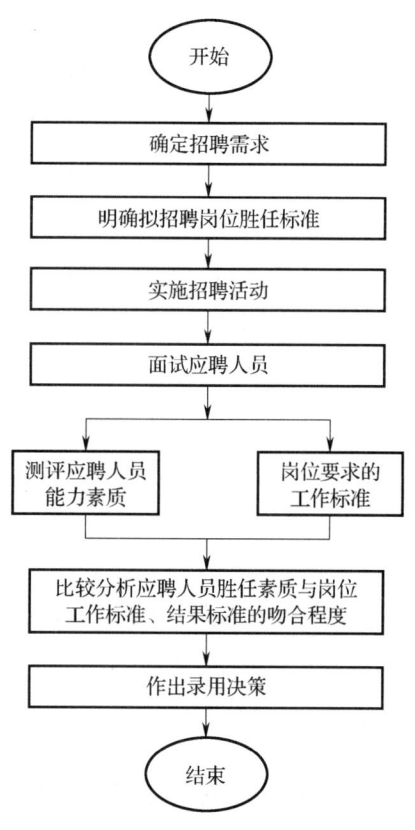

图1—7 基于任职资格标准体系的人员招聘与选拔流程图

3）更有可能选拔到具有潜力的员工

利用任职资格标准，招聘选择人员可以淘汰那些缺乏关键技能、知识或个性特点的候选人，把焦点放在那些胜任岗位又具有后续发展潜力的候选人身上。

4）降低招聘选拔成本，减少人员流失

人才流失不仅给一个组织的经济带来损失，也会对一个组织的向心力、凝聚力、员工积极性带来不利影响。基于任职资格标准的人才选拔可以增加绩效并减少人才流失。因为高绩效、组织认可、组织嘉奖会留住人才，同时，员工对工作满意一般也就不会辞职。

1.3.2　员工培训与开发中的应用

（1）企业人才培养定位

1）长期目标：满足企业发展战略和业务调整的需要。

2）短期目的：解决企业当前面临的重要问题。

3）岗位要求：满足岗位技能、经验等标准的需要。

4）个人需要：满足个人职业兴趣、完成工作、潜力开发的需要。

可见，人才培养的最终目标是提高员工个人的能力，再由个人能力转化为组织生产力，由组织能力转化为组织绩效，以实现员工与企业的双赢。

（2）人才培训与开发需求分析

确定人才培养需求，实际上就是一个分析员工岗位胜任的理想目标与现实情况之间差距的过程。具体而言，人才培养来源于两个方面。

1）系统培训：侧重的培训需求有层级的区分，是系统、全面的，来源于职务说明书、胜任标准、工作标准和结果标准。

2）潜能开发：潜能开发即"补短"加"提升"培训，需求信息和提升关键点来源于任职资格认证、标准评价，以及绩效考核过程和结果中发现的能力短板。

基于任职资格标准的某岗位员工培训需求分析如图1—8所示。

（3）任职资格标准体系与企业人才培养的关系

有针对性地培养员工的核心技能，使培训有的放矢，不仅能够开发员工的潜在素质，更为企业积蓄具备核心能力素质的人才。

1）任职资格标准体系的设计有利于缩短员工适应新岗位的时间和降低成本；

2）任职资格标准体系是人才培养体系的输入和源泉；

3）人才培养体系是任职资格标准体系的支持和保障。

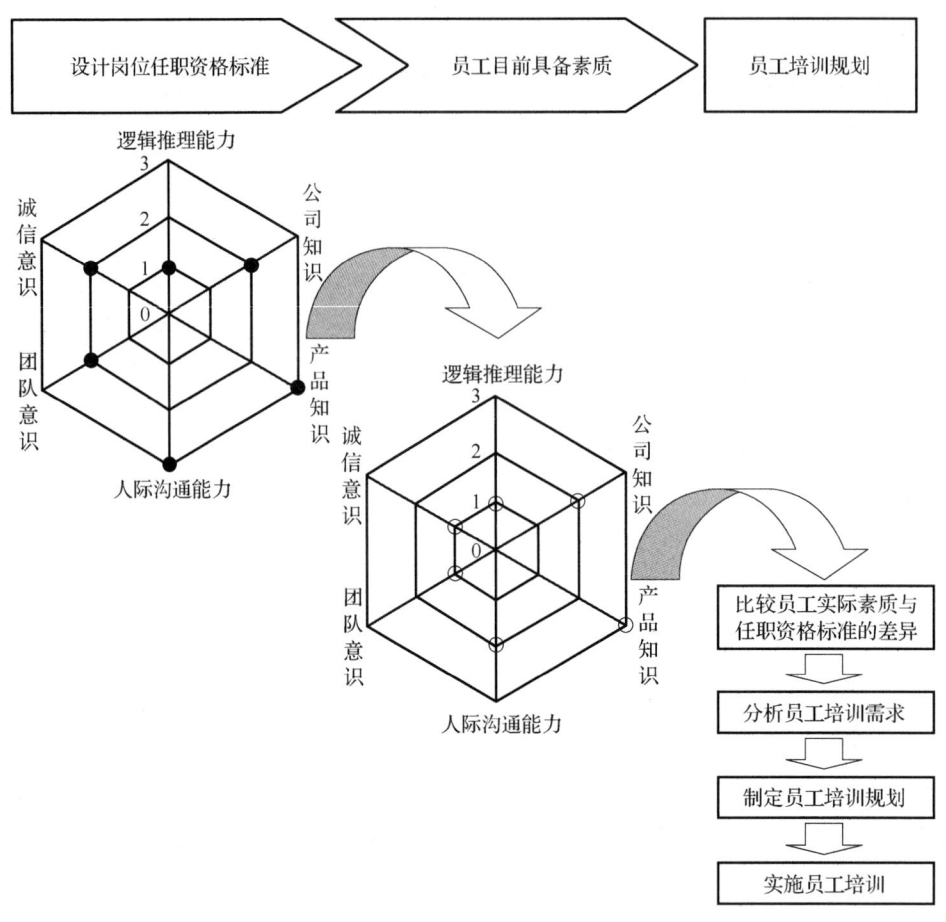

图1—8 基于任职资格标准的员工培训需求分析

1.3.3 员工晋升与继任中的应用

（1）员工晋升与继任的类型

员工晋升与继任根据不同的标准可以划分为多种类型，具体内容见表1—4。

表1—4　　　　　　　　　　员工晋升与继任类型

划分标准	晋升与继任类型构成	
	划分形式	细化说明
晋升是否包含权力扩大	职务晋升	这种晋升包含了权力的扩大，如业务范围扩大、管理的人员范围扩大等
	职级晋升	这种晋升只有级别的上升，一般不包含权力的扩大，是对职务晋升的一种补充
晋升来源	内部晋升	大多数企业采取内部晋升，有利于增强企业内部员工的进取心和上进心
	外部晋升	外部晋升就是从企业外部聘请相关的人员到企业的管理岗位上，外部晋升在为企业增加活力的同时，容易挫伤内部员工的进取心

续表

划分标准	晋升与继任类型构成	
	划分形式	细化说明
晋升级别多少	逐级晋升	按照企业的晋升通道，一级一级的晋升，这是企业最常见的
	跳级晋升	一般针对非常优秀的员工。晋升时打破了逐级晋升的一般要求，直接晋升到更高的级别上
晋升去向	直系晋升	在本部门内晋升到上一级，只是扩大了责任和人员管理范围
	旁系晋升	晋升到其他部门的更高一级的岗位上去，有利于增加晋升者的经验

（2）晋升与继任通道的晋升标准

基于任职资格标准体系的晋升与继任通道的标准主要从 3 个方面进行评估和测试，分别是任职资格、能力素质和业绩标准，三者设计的维度及标准的建立如图 1—9 所示。

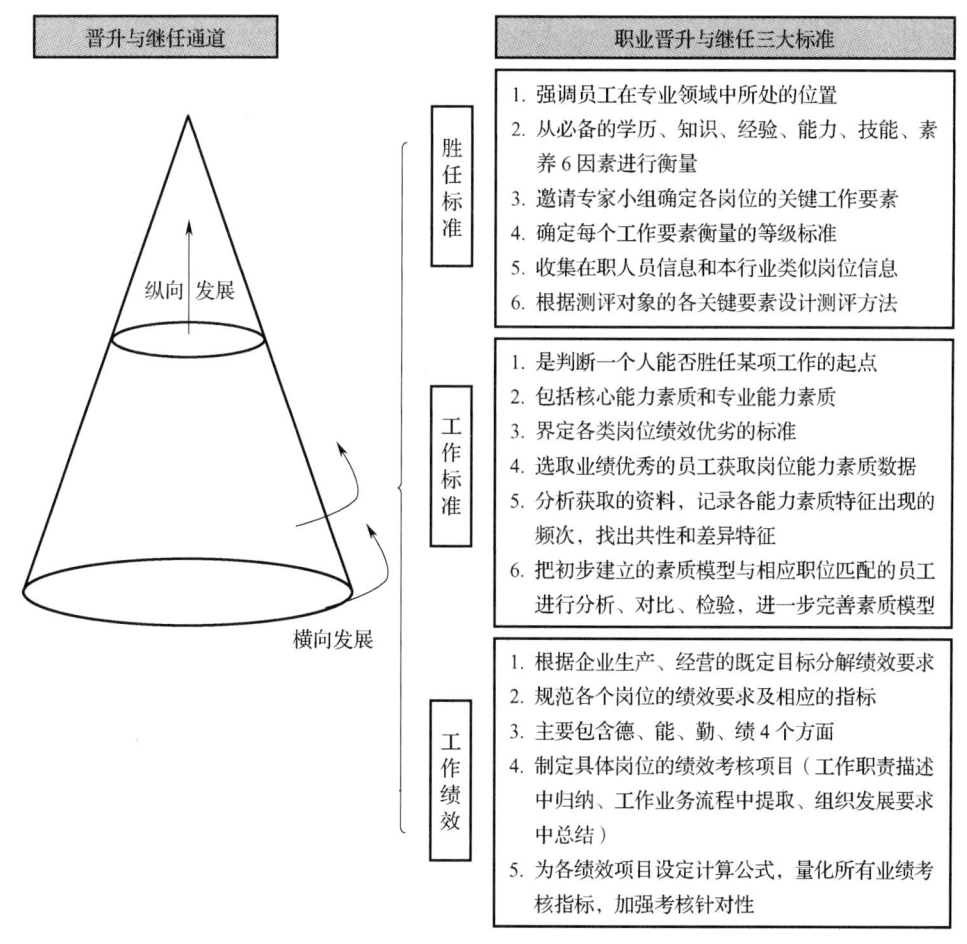

图 1—9　员工晋升与继任通道及标准模型

1.3.4 测评与职业发展中的应用

人才测评是指通过一系列科学的手段和方法对人的心理素质、能力素质、道德品质和工作绩效等进行测量和评定的活动。由于人才测评综合采用了多种科学方法和技术，它能依据人才测评的目的和要求对被测试者进行更为客观和准确的鉴定，并将鉴定的结构以定量或定性的方式表示出来。

基于任职资格标准体系的人才测评通过对测试岗位的深入量化研究，判断出岗位所需的关键胜任标准，在人才测评实施中对关键胜任标准做出质和量的解释、分配相应权重，并针对关键胜任项开发出相应的测评试题，从而保证人才测评的针对性和准确性。

基于任职资格标准体系的人才测评如图 1—10 所示。

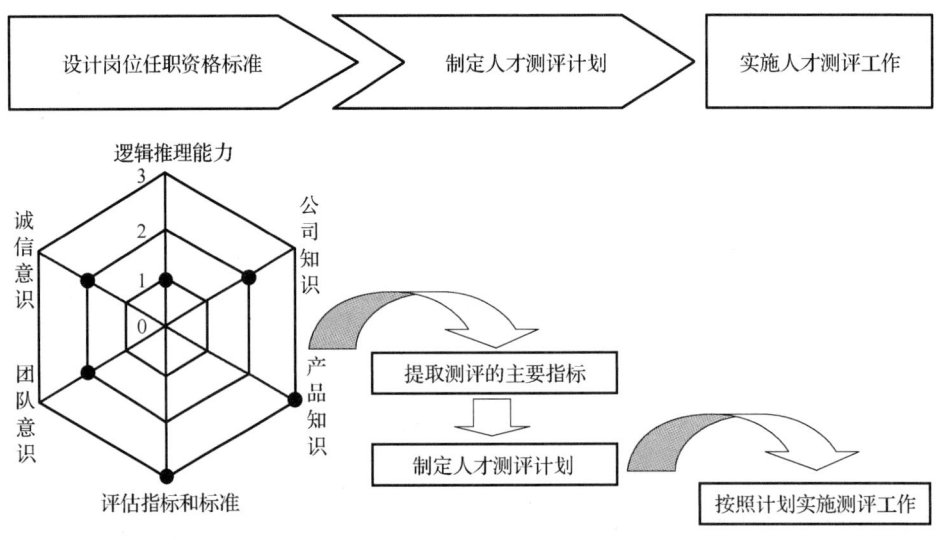

图 1—10 基于任职资格标准体系的人才测评

职业发展也就是职业生涯的规划，是根据员工的个人性格、兴趣等内在特征结合组织环境等因素规划未来的发展通道。通过开发任职资格标准，对员工的胜任潜能进行评价，帮助员工了解个人特质与工作行为特点及发展需要，指导员工设计符合个人特征的职业发展规划，并在实施发展规划过程中对员工提供支持和辅导。

在任职资格标准体系的推行过程中，员工可以根据公司规划设计的职业发展通道来规划个人的发展路径，并依据该通道的任职资格标准要求来不断提升自己的任职资格水平。

与此同时，企业各级管理者也担负起了帮助员工职业发展的职责，这样不仅能帮助员工实现自身的发展目标及职业潜能，也能促使员工努力开发提高组织绩效的关键技能和行为，实现个人目标与组织经营战略之间的协同，达到员工和企业共同成长和发展。

因此可以肯定的是，任职资格标准体系的应用，为企业员工的职业发展奠定了良好的基础。

第 2 章

高层管理类岗位任职资格标准体系

2.1 高层管理类岗位胜任标准体系设计

2.1.1 营销总监胜任标准

职位基本信息	
职位名称：营销总监 所属部门：	职位编号： 直接上级：

胜任项	胜任子项	具体要求
学历	学习形式	☑全日制　□函授　□自考　□夜大
	学历层次	□博士　□硕士　☑本科　□专科　□高职高专　□中专
知识	专业知识	1. 有深厚的市场和营销管理专业技能知识 2. 熟悉现代企业的管理模式 3. 熟悉市场细分、渠道管理等方面的专业知识
	业务知识	1. 了解和掌握市场营销基本原理，善于把握市场需求变化趋势 2. 有丰富的企业运营经验，能够识别、确定潜在的商业机会/商业合作伙伴，熟悉行业市场发展现状
	基础知识	1. 熟悉国家相关法律法规 2. 熟悉行业相关标准
经验	工作经验	1. 8年以上市场、销售管理工作经验 2. 3年以上同行业本岗位工作经验
	培训经历	1. 受过市场和营销管理高级培训 2. 接受过企业经营管理方面的高级培训，具备企业经营管理的技能
能力	基础能力	1. 具备Office软件操作能力 2. 能熟练操作ERP系统 3. 具备良好的书面及口头表达能力 4. 具备良好的英文听说读写能力
	通用能力	1. 具有判断、计划与执行能力 2. 具有优秀的资源整合能力 3. 具备优秀的谈判、沟通和协调能力
	管理能力	1. 具有优秀的管理能力，良好的组建、带领和培训团队的能力 2. 具有企业营销模式建设和体系建设能力

第 2 章　高层管理类岗位任职资格标准体系

续表

胜任项	胜任子项	具体要求
技能	上岗技能	取得高级营销师职业资格证者优先
	业务技能	1. 具有良好的策划能力和导向能力 2. 具有企业营销模式建设和体系建设能力 3. 具有优秀的创新意识、创新能力和规划能力 4. 有良好的总结和预测能力，市场敏感度较高
素养	自身素养	主动、自觉、积极
	职业素养	高度的敬业精神，自信、开放、宽容，具有团队感和目标感

2.1.2　生产总监胜任标准

职位基本信息	
职位名称：生产总监 所属部门：	职位编号： 直接上级：

胜任项	胜任子项	具体要求
学历	学习形式	☑全日制　□函授　□自考　□夜大
	学历层次	□博士　□硕士　☑本科　□专科　□高职高专　□中专
知识	专业知识	1. 生产管理、机械制造、自动化等相关工科专业毕业 2. 具备精益生产的理念，了解丰田生产方式 3. 有丰富的生产管理、成本控制、质量管理和物流管理专业知识 4. 熟悉生产设备的管控过程及安全管理知识
	业务知识	1. 熟悉××产品常见型号的生产流程、管理和质量要求、工艺特点 2. 了解企业产品的战略发展方向，基本制造过程、成本及产业链 3. 具备生产运作的统筹管理知识，熟悉生产现场精细化管理知识，熟知ISO质量管理体系
	基础知识	1. 熟悉国家相关法律法规，以及国家、行业相关标准、政策 2. 了解行业发展方向及同行业生产技术的相关状况 3. 了解生产安全管理的法律法规
经验	工作经验	1. 10年以上××行业生产制造管理工作经验 2. 3年以上同行业大型企业本岗位工作经验
	培训经历	1. 接受过生产管理的高级培训 2. 接受过精益生产、生产成本控制、生产现场控制等方面的专业培训

续表

胜任项	胜任子项	具体要求
能力	基础能力	1. 能够熟练操作 Office 办公软件 2. 具有较强的学习能力 3. 熟练操作 ERP 系统
能力	通用能力	1. 具有良好的职业素养 2. 具有判断、计划与执行能力 3. 具有优秀的观察和发现能力
能力	管理能力	1. 具有优秀的管理能力 2. 良好的组建、带领和培训团队的能力 3. 具备良好的决策能力及较强的组织管理能力
技能	上岗技能	具备工程师资格，具有高级工程师职称者优先
技能	业务技能	1. 具有优秀的创新意识、创新能力和规划能力 2. 具备生产统筹运作的能力 3. 具备良好的生产计划、组织能力
素养	自身素养	心理素质良好、思维清晰敏锐，有较强的抗压能力
素养	职业素养	热情、勤奋工作，善于发现和解决问题

2.1.3 财务总监胜任标准

职位基本信息	
职位名称：财务总监 所属部门：	职位编号： 直接上级：

胜任项	胜任子项	具体要求
学历	学习形式	☑全日制　□函授　□自考　□夜大　□其他
学历	学历层次	□博士　□硕士　☑本科　□专科　□高职高专　□中专
知识	专业知识	1. 会计、财务、金融、投资等相关专业毕业 2. 熟悉企业财务管理、投资融资管理、资产管理、税务筹划等方面的专业知识 3. 具有较全面的财会专业理论知识、现代企业管理知识
知识	业务知识	1. 掌握财务预算、决算、会计核算、审计监督方面的专业知识 2. 具备成本管理方面的专业知识 3. 具有良好的财务管理意识，熟知先进的财务管理方式 4. 熟悉财务计划、成本分析、预算、成本核算等高级财务管理流程
知识	基础知识	1. 精通企业会计准则 2. 精通国家财税法律规范 3. 熟知合同法、经济法等法规政策

续表

胜任项	胜任子项	具体要求
经验	工作经验	1. 10年以上同行业财务管理工作经验 2. 3年以上同行业大型企业或上市公司财务总监工作经验 3. 具备全面的财务专业知识、企业投融资及财务管理经验
	培训经历	有财务管理、管理学、战略管理等方面培训经历的优先考虑
能力	基础能力	1. 能熟练操作计算机和财务软件 2. 精通Office办公软件 3. 较强的语言文字能力和沟通协调能力
	通用能力	1. 有良好的团队合作以及开拓创新精神 2. 具备良好的人际交往能力、执行能力 3. 具备良好的沟通能力和组织协调能力 4. 具备较强的问题分析与解决能力，对数字非常敏感
	管理能力	1. 具有管理和领导财务工作的能力 2. 具备财务组织建设能力、企业内控建设能力、筹措资金能力、投资分析决策能力 3. 管理能力和社会资源能力
技能	上岗技能	1. 取得中级以上会计师职称 2. 具备注册会计师资格者优先
	业务技能	税务筹划能力、财务预算能力、成本费用控制能力、分析能力、财务外事能力、财务预警能力
素养	自身素养	为人正直、责任心强
	职业素养	1. 作风严谨、工作仔细认真 2. 有良好的职业道德和敬业精神

2.1.4 质量总监胜任标准

职位基本信息	
职位名称：质量总监 所属部门：	职位编号： 直接上级：

胜任项	胜任子项	具体要求
学历	学习形式	☑全日制　□函授　□自考　□夜大
	学历层次	□博士　□硕士　☑本科　□专科　□高职高专　□中专
知识	专业知识	1. 熟悉质量管理体系的构建及运行相关知识 2. 知识素养高，具有全面的质量管理理论知识

续表

胜任项	胜任子项	具体要求
知识	业务知识	1. 对现代企业质量管理流程、管理手段和模式有较深入的认识 2. 熟悉质量体系构建过程以及相关文件的制作知识
	基础知识	1. 熟悉国家相关标准及行业标准 2. 熟悉 ISO 质量管理体系标准
经验	工作经验	1. 具有 8 年以上制造业工作经验 2. 5 年以上质量管理工作经验，3 年以上同等公司质量总监级工作经验
	培训经历	接受过质量管理、制造管理、企业管理、人力资源管理、财务管理、决策学、领导艺术等知识培训
能力	基础能力	1. 熟练操作 Office 办公软件 2. 熟练操作计算机
	通用能力	1. 具备较好的计划管理能力与执行能力 2. 具备较强的逻辑分析能力、问题分析能力和解决能力 3. 具备较强的思维归纳能力和系统思考能力 4. 具备较强的观察能力、应变能力和管控力 5. 具备良好的记忆能力 6. 良好的数理统计分析能力
	管理能力	1. 具有出色的组织规划能力 2. 较强的领导、决策能力
技能	上岗技能	具有中级工程师的资格证，具有高级工程师资格者优先
	业务技能	1. 具备全面组织把握内外部认证、审核工作的能力 2. 具备质量问题处理的能力 3. 具备质量体系构建的能力
素养	自身素养	工作积极、主动、向上
	职业素养	道德素养好，富有责任感

2.1.5 技术总监胜任标准

职位基本信息			
职位名称：技术总监 所属部门：		职位编号： 直接上级：	

胜任项	胜任子项	具体要求
学历	学习形式	☑全日制　□函授　□自考　□夜大
	学历层次	□博士　☑硕士　□本科　□专科　□高职高专　□中专

续表

胜任项	胜任子项	具体要求
知识	专业知识	1. ××制造，××工程，××科学等理工科相关专业毕业 2. 熟悉××行业前沿知识理论及其外延 3. 熟悉××、××等行业的前沿技术知识及其方向
	业务知识	1. 熟悉××产品常见型号的生产流程、管理和质量要求、工艺特点 2. 熟悉产品开发流程及过程控制的相关知识 3. 掌握××产品开发过程
	基础知识	1. 熟悉国家相关技术及质量标准 2. 熟悉行业相关技术标准及国际公约
经验	工作经验	1. 8年以上××行业技术研发工作经验 2. 带领＿＿人以上的大型项目开发成功经验不少于＿＿个
	培训经历	1. 参加过××、××技术培训 2. 参加过团队建设及管理培训 3. 参加过领导力、企业技术管理等方面培训者优先
能力	基础能力	1. 能够熟练操作开发平台 2. 具备良好的开发文档、资料撰写及检查能力 3. 能够熟练操作Office办公软件
	通用能力	1. 具有较强的逻辑思维及分析能力 2. 较强的团队合作意识 3. 具备问题分析和解决能力 4. 有一定的服务管理意识，能够很好地服务技术研发团队
	管理能力	1. 具有较强的团队管控能力，能影响他人 2. 具有较强的沟通及协调能力 3. 具备指导下属的能力
技能	上岗技能	具有中级工程师以上职称
	业务技能	1. 具备分析设计能力 2. 能够敏锐地捕捉技术需求，并具备较强的技术需求转化能力
素养	自身素养	1. 具备较强的心理抗压能力 2. 积极进取，具备良好的执行力
	职业素养	爱岗敬业、工作扎实进取

2.1.6 采购总监胜任标准

职位基本信息	
职位名称：采购总监 所属部门：	职位编号： 直接上级：

胜任项	胜任子项	具体要求
学历	学习形式	☑全日制　□函授　□自考　□夜大
	学历层次	□博士　□硕士　☑本科　□专科　□高职高专　□中专
知识	专业知识	1. 全日制大学本科及以上学历 2. 物流管理、工商管理等管理专业或者行业相关工科专业毕业 3. 具备采购与供应链管理的专业知识
	业务知识	1. 熟悉物资采购的程序 2. 了解企业所需采购物资的市场供应情况 3. 熟悉采购预算的编制方法、熟悉采购成本控制方法 4. 熟悉市场调研及预测、采购需求预测的方法
	基础知识	1. 熟悉合同法与经济法 2. 熟悉反不正当竞争法等其他相关法律法规 3. 熟悉国际货物买卖合同公约等相关国际公约
经验	工作经验	1. 具备8年以上××行业的工作经验 2. 具备5年以上××行业采购与供应链管理工作经验
	培训经历	接受过采购管理专业培训
能力	基础能力	1. 熟练使用Office办公软件 2. 书面及口头表达能力强
	通用能力	1. 具备良好的人际交往及沟通能力 2. 具备出色的组织协调能力和团队协作能力 3. 具备良好的创新能力及应变能力
	管理能力	1. 良好的部门内和跨部门的组织和协调能力 2. 良好的团队建设及管控能力
技能	上岗技能	1. 具备采购师以上职业资格认证 2. 具有注册职业采购经理证书者优先
	业务技能	1. 具备良好的商业谈判能力 2. 具备良好的合同管理及风险控制能力
素养	自身素养	外向，善于沟通，积极向上，有进取精神
	职业素养	爱岗敬业、踏实肯干

2.2 高层管理类岗位工作标准体系设计

2.2.1 营销总监工作标准

工作事项	营销工作依据与规范	工作成果或目标
1. 营销计划管理	◆ 上一年的历史营销数据,今年的总体营销目标、市场研究分析报告、市场推广预算、计划编制规范	1) 及时编制年度营销计划 2) 年度营销计划达成率为____%
2. 营销调研管理	◆ 市场调研管理制度、年度调研计划,市场调研方案、调研问卷设计规范、市场调研预算、市场调研报告审阅流程等	1) 及时编制市场调研方案 2) 市场调研任务按计划完成
3. 营销策划管理	◆ 市场调研结果报告,市场公关管理制度,上年度营销策划案,竞争对手的营销策划案、广告策划管理制度、产品品牌管理制度等	1) 编制年度营销策划方案 2) 指导下属完成个别营销策划方案
4. 产品上市管理	◆ 产品价格管理办法、产品定价管理方案,目标市场选择流程,市场细分管理制度,企业的市场定位规范等	1) 进行市场细分 2) 选择好目标市场 3) 作出市场定位规划 4) 确定新产品上市方案
5. 促销管理	◆ 年度销售计划、年度销售预算,竞争对手促销方案、促销活动管理制度等	1) 制订年度促销计划 2) 促销计划完成率达100% 3) 促销活动评分达____分
6. 销售业务管理	◆ 销售业务管理制度、销售回款管理制度、年度销售计划,年度销售预算、区域市场管理制度、电话销售管理制度、网络销售管理制度、销售人员管理制度等	1) 年度销售额达____万元 2) 销售计划完成率达____% 3) 销售回款率达____%
7. 销售渠道管理	◆ 销售渠道管理规定、销售政策管理办法、经销商管理办法、窜货管理制度	1) 制定渠道销售政策 2) 渠道成员达____家 3) 年度渠道冲突不高于____次
8. 客户服务管理	◆ 客户服务管理制度、客户关系管理制度、客户回访管理制度、年度客服计划、大客户管理制度、客户开发计划	1) 客服计划完成率达____% 2) 客户开发计划完成率达到____% 3) 大客户保有率达____%
9. 营销人员管理	◆ 营销人员管理制度,销售人员培训管理制度,销售人员考核管理制度	1) 销售人员招聘计划完成率达到____% 2) 销售人员招聘计划完成率达到____% 3) 人员离职率低于____%

2.2.2 生产总监工作标准

工作事项	工作依据与规范	工作成果或目标
1. 生产规章制度和规划建设	◆ 企业章程、企业管理制度 ◆ 企业制度规划流程，生产制度规范化体系，企业年度战略规划等，企业组织与结构设计规范等	1）编制完善生产部门各类规章制度 2）生产组织与结构设计 3）制订生产发展计划
2. 生产计划和调度管理	◆ 生产管理规章制度、生产管理战略规划等	1）制订年度、月度生产计划 2）生产任务分配率达____% 3）生产任务完成率达____%
3. 产品和技术研发管理	◆ 技术研发管理制度、工艺技术管理制度、工艺文件资料管理制度、技术改造管理制度	1）产品研发计划完成率达到____% 2）技术改造完成率达____% 3）工艺文件编制率达____%
4. 生产质量控制	◆ 质量体系管理制度及相关文件 ◆ 质量标准制定办法 ◆ 质量检验管理制度 ◆ 年度质量计划等	1）完善质量管理体系，确保企业通过质量认证 2）不断完善质量管理标准 3）制订全面的质量管理计划 4）产品质量达标率为100%
5. 生产成本管理	◆ 企业成本费用管理制度、产品成本管理制度等 ◆ 生产成本费用预算制度，年度生产费用预算、年度生产成本控制计划等	1）审核生产成本控制方案 2）单位生产成本低于____元
6. 生产物料控制	◆ 物料成本控制制度、库存计划管理制度 ◆ 物料定额管理制度	1）监督编制物料计划 2）审核制定物料消耗定额 3）将物料成本控制在计划范围内
7. 生产设备管理	◆ 企业设备管理制度、企业固定资产管理制度、设备报废管理制度、生产计划管理制度、设备购置计划等	1）设备完好率达____% 2）资产回报率达____% 3）设备停工时间低于____小时 4）设备负荷率达____%
8. 生产安全管理	◆ 安全生产法、安全生产许可证条例、安全生产培训管理办法 ◆ 安全生产管理规范，上级安全管理单位指导文件	1）完善企业安全生产制度 2）安全事故数为0 3）安全事故损失小于____元 4）安全生产培训率达100%
9. 人员管理	◆ 企业管理章程 ◆ 生产人员培训管理制度	1）制定生产人员管理制度 2）生产人员培训率达____% 3）劳动生产率达____%

2.2.3 财务总监工作标准

工作事项	工作依据与规范	工作成果或目标
1. 制定财务战略规划	◆ 企业发展战略规划、国家相关法律法规 ◆ 国家相关财政、经济政策 ◆ 企业发生的重大财务事项	1）及时编制财务战略规划 2）制定财务制度体系
2. 成本计划及预算	◆ 企业、财务发展战略规划 ◆ 上年度财务状况 ◆ 财务预算完成情况，历史产品成本状况等	1）财务成本计划及时审控 2）及时审核批准各项财务预算
3. 投融资管理	◆ 国家相关政策导向 ◆ 金融机构及其他投资企业的动向 ◆ 企业投融资目标	1）制订企业年度投资计划 2）制订企业年度融资计划 3）投资回报率达____% 4）年度融资总规模达____万元
4. 税收筹划管理	◆ 国家相关的财税政策、企业税务管理制度 ◆ 上年度利润及纳税状况 ◆ 本年度利润及纳税计划	1）及时完成纳税申报工作 2）合理运用税收优惠政策 3）通过合理的会计处理有效避税
5. 财务审计管理	◆ 中华人民共和国审计法、企业会计准则 ◆ 企业会计状况，相关会计凭证等	1）制订完善审计计划 2）审计问题处理率达到100%
6. 资产管理	◆ 企业现金管理制度，货币管理办法，应收账款管理制度 ◆ 固定资产管理制度、存货管理制度、无形资产管理制度等	1）制定企业资金管理规划 2）确保企业现金流充足 3）及时完成企业固定资产管理规划及固定资产盘点
7. 负债与所有者权益管理	◆ 企业会计准则 ◆ 企业利润分配管理制度 ◆ 企业财务报告	1）监督完成负债核算 2）利润分配工作及时完成
8. 财务分析及财务报告管理	◆ 企业财务报告 ◆ 企业会计准则、上市公司信息披露管理办法等 ◆ 财务分析工具表单	1）监督财务报告编制工作 2）及时上交财务分析报告
9. 财务人员管理	◆ 企业员工管理制度，企业培训管理制度，年度招聘管理计划等	1）招聘计划完成率达____% 2）核心员工保有率达____%

2.2.4 质量总监工作标准

工作事项	工作依据与规范	工作成果或目标
1. 质量规划与计划管理	◆ 企业发展战略规划、年度经营计划、竞争对手的质量水平、客户的质量需求调研报告 ◆ 国家及行业的质量管理标准等	1）制定年度质量规划 2）制定企业质量管理标准 3）制定质量管理制度、规范等规章制度
2. 质量管理操作规范的制定	◆ 国家及行业的质量管理标准等 ◆ 企业质量管理标准 ◆ 生产管理流程等	1）制定各项质量管理流程 2）制定各项作业操作规范 3）流程规范完善率达____%
3. 质量政策及方针管理	◆ 企业发展战略规划、企业质量管理标准 ◆ 企业经营理念，竞争对手的质量方针及目标等	1）完善企业的质量控制政策 2）组织制定质量方针及目标
4. 质量体系建设	◆ ISO 9000族质量管理标准 ◆ 质量体系认证流程及工作指导 ◆ 质量内审及外审专家的建议	1）指导下属编制作业指导书等体系文件 2）质量认证一次性通过率达到100%
5. 对外部合作单位的评审	◆ 供应商管理质量标准等供应商评审文件 ◆ 客户质量要求书等	1）制定合作单位的质量标准 2）编制对合作单位的质量评审报告
6. 质量组织及人员管理	◆ 企业组织结构 ◆ 质量管理人员需求分析表 ◆ 企业考核管理制度	1）质量管理部组织结构图 2）质量管理部岗位设置表 3）质量管理部考核办法

2.2.5 技术总监工作标准

工作事项	工作依据与规范	工作成果或目标
1. 制定企业技术发展战略及计划	◆ 企业中长期发展战略规划、企业短期发展计划 ◆ 竞争对手的发展战略规划调研，市场需求发展调研文件	1）制定技术发展战略规划 2）制订年度技术工作计划
2. 技术管理规章制度等的制定	◆ 企业章程、企业综合管理制度 ◆ 企业制度编制管理规范	1）制定并完善技术研发规章制度 2）规章制度完善率达____%
3. 技术队伍建设和管理	◆ 技术人员管理制度、研发人员管理制度 ◆ 技术人员培训管理制度	1）核心人员流失率低于____% 2）培训计划完成率达____%

续表

工作事项	工作依据与规范	工作成果或目标
4. 部门合作与技术支持管理	◆ 企业技术支持需求调研报告、技术支持工作计划、年度技术发展规划等 ◆ 技术服务的标准规范、技术支持工作规范等	1) 技术支持计划完成率达到____% 2) 技术支持满意度评价平均达到____分
5. 技术研发工作综合管理	◆ 技术发展战略规划、年度技术工作计划、技术开发及改进活动策划 ◆ 技术管理制度、产品研发管理制度	1) 技术研发计划完成率达到____% 2) 技术评审合格率达____%
6. 技术设备、仪器等的管理	◆ 技术工作设备需求报告书、现有设备状况分析报告、行业技术设备发展状况调研 ◆ 技术设备管理制度	1) 编制技术设备申购计划 2) 技术设备投资回报率达到____%
7. 技术及质量分析工作	◆ 技术发展战略规划、技术项目任务书、技术项目可行性调研报告、技术成果总结报告、研发成果质量报告等	1) 出具技术成果鉴定报告 2) 对技术成果及质量进行评价分析
8. 技术标准的推进	◆ 行业技术发展状况、企业现有技术标准 ◆ 技术研发工作标准	完善技术文件、技术标准、产品标准等

2.2.6　采购总监工作标准

工作事项	工作依据与规范	工作成果或目标
1. 采购战略规划及规范的建立	◆ 企业战略规划情况，年度销售计划、生产计划，各部门的物资采购需求，外部市场供应状况等 ◆ 采购战略规划管理制度，采购制度体系构建规范	1) 制定完善采购战略目标 2) 制定完善采购制度体系
2. 采购工作标准及流程的建立	◆ 采购业务模式、各岗位分工情况 ◆ 采购部各项规章制度	1) 流程标准完善率达____% 2) 流程优化及时率达____%
3. 制订采购计划	◆ 年度生产计划、物资请购表、物资需求计划、外部市场供应状况 ◆ 采购计划管理制度、采购计划编制规范	采购计划编制及时率达到____%
4. 控制采购成本	◆ 采购费用支出记录表、采购费用预算书 ◆ 采购预算管理制度、采购成本控制制度等	1) 及时编制采购费用预算 2) 监督完成采购成本核算 3) 采购成本控制在预算内
5. 供应商管理	◆ 供应商管理制度、年度供应商开发计划与方案 ◆ 供应商考核评价制度	1) 年度供应商开发数量不低于____个 2) 供应商考核合格率达____%

续表

6.采购谈判与合同管理	◆ 商务谈判管理制度、采购合同管理制度、采购合同风险规避方案 ◆ 本企业采购合同范本等	1）采购合同评审合格率达100% 2）采购合同履约率达____%
7.采购交期管理	◆ 采购交期控制制度、采购交期跟催方案 ◆ 采购合同	1）采购交期及时率达____% 2）交期延误损失低于____元
8.采购质量控制	◆ 物资质量管理制度、进料质量检验制度、企业物资质量标准等 ◆ 采购合同、采购认证管理制度等	1）进料质量合格率达____% 2）进料验收及时率达____%
9.部门日常管理	◆ 采购部管理制度、采购人员日常行为规范 ◆ 采购人员培训管理制度、方案	1）采购人员工作违规不高于____人次 2）部门日常工作推展顺利，合作融洽

2.3　高层管理类岗位结果标准体系设计

2.3.1　营销总监结果标准

职位名称：营销总监			评估时间：　年　月　日
结果项目	评估指标	权重	评估标准
财务	销售收入	15%	1. 销售收入达____万元 2. 每较目标值减少____万元，该项扣____分
	销售回款率	10%	1. 销售回款率达____% 2. 每较目标值减少____个百分点，该项扣____分 3. 当绩效指标值低于____%，该项不得分
	销售费用率	10%	1. 销售费用率低于____% 2. 每较目标值增加____个百分点，该项扣____分 3. 当绩效指标值高于____%，该项不得分

续表

结果项目	评估指标	权重	评估标准
运营	销售计划完成率	10%	1. 销售计划完成率达____% 2. 每较目标值减少____个百分点，该项扣____分 3. 当绩效指标值低于____%，该项不得分
	销售增长率	5%	1. 销售增长率达____% 2. 每较目标值减少____个百分点，该项扣____分 3. 当绩效指标值低于____%，该项不得分
	合同履约率	5%	1. 合同履约率达____% 2. 每较目标值减少____个百分点，该项扣____分 3. 当绩效指标值低于____%，该项不得分
	品牌识别力	5%	1. 品牌识别力＝品牌知晓度×品牌记忆度×品牌识别度 2. 品牌识别度大于____，本项得满分 3. 品牌识别度每降低____，该项扣____分
	推广计划完成率	5%	1. 推广计划完成率达____% 2. 每较目标值减少____个百分点，该项扣____分 3. 当绩效指标值低于____%，该项不得分
	市场占有率	10%	1. 市场占有率达____% 2. 每较目标值减少____个百分点，该项扣____分 3. 当绩效指标值低于____%，该项不得分
客户	核心客户保有率	5%	1. 核心客户保有率达____% 2. 每较目标值减少____个百分点，该项扣____分 3. 当绩效指标值低于____%，该项不得分
	客户投诉数量	5%	1. 客户投诉数量不高于____次 2. 每增加一次扣____分，高于____次该项不得分
	客户满意度	5%	1. 满意度评分平均高于____分 2. 每较目标值减少____分，该项考核减____分 3. 客户满意度评分低于____分，该项不得分
学习发展	培训计划完成率	5%	1. 培训计划完成率达____% 2. 每较目标值减少____个百分点，该项扣____分 3. 当绩效指标值低于____%，该项不得分
	核心员工流失率	5%	1. 核心员工流失率低于____% 2. 每较目标值增加____个百分点，该项扣____分 3. 当绩效指标值高于____%，该项不得分

2.3.2 生产总监结果标准

职位名称：生产总监	评估时间： 年 月 日

结果项目	评估指标	权重	评估标准
生产计划与进度	生产计划完成率	10%	1. 生产计划完成率＝$\frac{实际生产量}{计划生产量}×100\%$ 2. 考核期内，生产计划完成率达____% 3. 每较目标值减少____个百分点，该项考核扣____分，指标值低于____%，该项不得分
生产计划与进度	交期达成率	5%	1. 交期达成率＝$\frac{交期达成批数}{交货总批数}×100\%$ 2. 考核期内，指标值达____% 3. 每较目标值减少____个百分点，该项考核扣____分，指标值低于____%，该项不得分
生产计划与进度	标准工时降低率	5%	1. 标准工时降低率＝$\frac{改进前标准工时-改进后标准工时}{改进前标准工时}×100\%$ 2. 考核期内，指标值达____%；每较目标值减少____个百分点，该项考核扣____分；指标值低于____%，该项不得分
生产计划与进度	产能利用率	5%	1. 产能利用率＝$\frac{实际产能}{设计产能}×100\%$ 2. 考核期内，指标值达____%；每较目标值减少____个百分点，该项考核扣____分；指标值低于____%，该项不得分
生产计划与进度	在制品周转率	5%	1. 在制品周转率＝$\frac{期间生产总值}{(期初存货总值+期末存货总值)/2}$ 2. 考核期内，指标值达____%；每较目标值减少____个百分点，该项考核扣____分；指标值低于____%，该项不得分
产品开发与工艺技术管理	新产品产值率	5%	1. 新产品产值率＝$\frac{新产品产值}{同期所有产品产值}×100\%$ 2. 考核期内，指标值达____%；每较目标值减少____个百分点，该项考核扣____分；指标值低于____%，该项不得分
产品开发与工艺技术管理	产品投资利润率	5%	1. 产品投资利润率＝$\frac{产品利润总额}{产品研发投资总额}×100\%$ 2. 考核期内，指标值达____%；每较目标值减少____个百分点，该项考核扣____分；当指标值低于____%，该项不得分
产品开发与工艺技术管理	工艺设计及时完成率	5%	1. 工艺设计及时完成率＝$\frac{按时完成工艺试验次数}{工艺试验总次数}×100\%$ 2. 考核期内，指标值达____%；每较目标值减少____个百分点，该项考核扣____分；绩效指标值低于____%，该项不得分

续表

结果项目	评估指标	权重	评估标准
物料管理	废料率	5%	1. 废料率=$\dfrac{\text{废料原价值}}{\text{物料总价值}}\times 100\%$ 2. 考核期内，指标值不高于____%；指标值每较绩效目标增加____个百分点，该项考核扣____分；绩效指标值低于____%，该项不得分
物料管理	材料周转率	5%	1. 材料周转率=$\dfrac{\text{材料耗用净额}}{\text{期初与期末平均存料净额}}\times 100\%$ 2. 考核期内，指标值达____%；每较目标值减少____个百分点，该项考核扣____分；绩效指标值低于____%，该项不得分
物料管理	呆废料处理率	5%	1. 呆废料处理率=$\dfrac{\text{处理呆废料数量}}{\text{全部呆废料数量}}\times 100\%$ 2. 考核期内，指标值达____%；每较目标值减少____个百分点，该项考核扣____分；绩效指标值低于____%，该项不得分
设备与安全管理	生产设备完好率	5%	1. 生产设备完好率=$\dfrac{\text{完好设备台数}}{\text{在用设备台数}}\times 100\%$ 2. 考核期内，指标值达____%；每较目标值减少____个百分点，该项考核扣____分；绩效指标值低于____%，该项不得分
设备与安全管理	设备有效利用率	5%	1. 设备有效利用率=$\dfrac{\text{设备有效利用时间}}{\text{设备有效利用时间}+\text{故障维修停机时间}}\times 100\%$ 2. 考核期内，指标值达____%；每较目标值减少____个百分点，该项考核扣____分；绩效指标值低于____%，该项不得分
设备与安全管理	设备切换时间	5%	1. 生产设备切换时间是指因生产停顿所耗费的时间 2. 考核期内，设备切换平均时间不高于____分钟；每较目标值增加____分钟，该项考核扣____分；绩效指标值高于____分钟，该项不得分
设备与安全管理	安全事故发生次数	5%	1. 安全事故发生次数指考核期内安全事故的总次数 2. 考核期内，安全事故发生次数不高于____次；每较目标值增加1次，该项考核扣____分 3. 安全事故发生次数高于____次，该项不得分
设备与安全管理	安全隐患整改率	5%	1. 安全隐患整改率=$\dfrac{\text{整改完成的安全隐患处数}}{\text{当期应该整改完成的安全隐患处数}}\times 100\%$ 2. 考核期内，指标值达____%；每较目标值减少____个百分点，该项考核扣____分；绩效指标值低于____%，该项不得分

续表

结果项目	评估指标	权重	评估标准
生产质量管理	产品质量合格率	5%	1. 产品质量合格率=$\dfrac{\text{合格的产品数量}}{\text{产品总数量}} \times 100\%$ 2. 考核期内，指标值达____%；每较目标值减少____个百分点，该项考核扣____分；绩效指标值低于____%，该项不得分
生产质量管理	产品退货率	5%	1. 产品退货率=$\dfrac{\text{问题产品退货数量}}{\text{交付的产品总数量}} \times 100\%$ 2. 考核期内，指标值达____%；每较目标值减少____个百分点，该项考核扣____分；绩效指标值低于____%，该项不得分
生产成本	生产预算费用控制率	5%	1. 某一时期实际发生生产费用与生产成本预算费用控制标准之差，再与生产成本预算费用控制标准的比值 2. 考核期内，指标值达____%；每较目标值减少____个百分点，该项考核扣____分；绩效指标值低于____%，该项不得分

2.3.3　财务总监结果标准

职位名称：财务总监	评估时间：　年　月　日

结果项目	评估指标	权重	评估标准
财务	资金利用率	10%	1. 资金利用率=持仓占用保证金/客户权益×100% 2. 资金利用率达到____% 3. 指标每较目标值减少____个百分点，扣____分，指标低于____%不得分
财务	财务费用降低率	5%	1. 财务费用降低率=$\dfrac{\text{财务费用发生额}-\text{财务费用预算额}}{\text{财务费用预算额}} \times 100\%$ 2. 该项指标达到____%，该项考核得满分 3. 指标每减少____个百分点，扣____分，少于____%不得分
财务	资产收益率	5%	1. 资产收益率达到____% 2. 指标每较目标值减少____个百分点，扣____分，指标低于____%不得分
财务	资金预测偏差度	5%	1. 资金预测偏差度 $=\dfrac{\dfrac{\text{实际收入}-\text{预算收入}}{\text{预算收入}}+\dfrac{\text{实际支出}-\text{预算支出}}{\text{预算支出}}}{2}$ 2. 资金预测偏差度为0，该项得满分 3. 资金预测偏差度每增加____，该项指标减____分

续表

结果项目	评估指标	权重	评估标准
内部运营	财务管理目标达成率	10%	1. 财务管理目标达成率达到____% 2. 指标每较目标值减少____个百分点，扣____分，指标低于____%不得分
	财务法律、法规的执行率	5%	1. 指标值达到____% 2. 指标每较目标值减少____个百分点，扣____分，指标低于____%不得分
	财务管理流程改善目标实现率	5%	1. 指标值达到____% 2. 指标每较目标值减少____个百分点，扣____分，指标低于____%不得分
	财务预算编制审核及时率	5%	1. 财务预算编制审核及时率达到____% 2. 指标每较目标值减少____个百分点，扣____分，指标低于____%不得分
	财务分析报告准确率	5%	1. 财务分析报告准确率达到____% 2. 指标每较目标值减少____个百分点，扣____分，指标低于____%不得分
	申报纳税及时率	5%	1. 申报纳税及时率达到____% 2. 指标每较目标值减少____个百分点，扣____分，指标低于____%不得分
	税务筹划准确率	5%	1. 税务筹划准确率达到____% 2. 指标每较目标值减少____个百分点，扣____分，指标低于____%不得分
	审计问题追踪检查率	5%	1. 审计问题追踪检查率 $=\dfrac{审计问题追踪检查数}{审计问题的总数}\times 100\%$ 2. 指标值达到____% 3. 指标每较目标值减少____个百分点，扣____分，指标低于____%不得分
	投融资计划完成率	10%	1. 指标值达到____% 2. 指标每较目标值减少____个百分点，扣____分，指标低于____%不得分
客户	部门协作满意度	5%	1. 满意度评分平均高于____分 2. 每较目标值减少____分，该项考核减____分 3. 部门协作满意度评分低于____分，该项不得分
	外部关系单位满意度	5%	1. 满意度评分平均高于____分 2. 每较目标值减少____分，该项考核减____分 3. 外部关系单位满意度评分低于____分，该项不得分

续表

结果项目	评估指标	权重	评估标准
学习发展	培训计划完成率	5%	1. 指标值达到____% 2. 指标每较目标值减少____个百分点，扣____分，指标低于____%不得分
	部门员工任职资格达标率	5%	1. 指标值达到____% 2. 指标每较目标值减少____个百分点，扣____分，指标低于____%不得分

2.3.4 质量总监结果标准

职位名称：质量总监			评估时间： 年 月 日

结果项目	评估指标	权重	评估标准
财务	万元产值质量成本降低率	5%	1. 考核期内，万元质量成本降低率达____% 2. 每较目标值减少____个百分点，该项考核扣____分 3. 指标值低于____%，该项不得分
	百元销售收入质量成本	10%	1. 百元销售收入质量成本不超过____元 2. 每超出目标值____元，该项考核扣____分，扣完为止
	质量管理费用预算超支率	5%	1. 质量管理费用预算超支率为0 2. 每超支____%，扣____分 3. 指标值低于____%，该项不得分
运营	质量目标达成率	15%	1. 考核期内，质量目标达成率达____% 2. 每较目标值减少____个百分点，该项考核扣____分 3. 指标值低于____%，该项不得分
	质量标准完善率	5%	1. 质量标准完善率达____% 2. 每较目标值减少____个百分点，该项考核扣____分 3. 指标值低于____%，该项不得分
	产品质量合格率	10%	1. 产品质量合格率达____% 2. 每较目标值减少____个百分点，该项考核扣____分 3. 指标值低于____%，该项不得分
	产品免检认证通过率	5%	1. 产品免检认证率达____% 2. 每较目标值减少____个百分点，该项考核扣____分 3. 指标值低于____%，该项不得分
	质量体系认证一次性通过率	10%	1. 质量体系认证免检认证率达____% 2. 每较目标值减少____个百分点，该项考核扣____分 3. 指标值低于____%，该项不得分

续表

结果项目	评估指标	权重	评估标准
客户	产品质量原因的退货率	10%	1. 考核期内，质量原因导致的退货率不高于____% 2. 每较目标值减少____个百分点，该项考核扣____分 3. 指标值低于____%，该项不得分
客户	客户对质量的满意度	5%	1. 满意度评分平均高于____分 2. 每较目标值减少____分，该项考核减____分
客户	质量事故损失额	10%	1. 质量事故损失额≤____元 2. 当____＜质量事故损失≤____元，每高出____元，扣除该项考核分____分 3. 当质量事故损失＞____元，该项不得分
学习发展	质量培训计划完成率	5%	1. 质量配需计划完成率达____% 2. 每较目标值减少____个百分点，该项考核扣____分 3. 指标值低于____%，该项不得分
学习发展	质量经理业绩达标率	5%	1. 质量经理业绩达标率达____% 2. 每较目标值减少____个百分点，该项考核扣____分 3. 指标值低于____%，该项不得分

2.3.5　技术总监结果标准

职位名称：技术总监	评估时间：　　年　月　日

结果项目	评估指标	权重	评估标准
财务	部门管理费用控制情况	5%	1. 考核期内，部门管理费用控制在预算范围内 2. 每超出费用预算____个百分点，扣____分 3. 超出费用预算____%以上，该项不得分
财务	研发费用预算节支率	5%	1. 考核期内，研发费用较预算节省率达____% 2. 每较目标值减少____个百分点，该项考核扣____分 3. 指标值低于____%，该项不得分
财务	技术改造费用节支率	5%	1. 考核期内，技术改造费用较预算节省率达____% 2. 每较目标值减少____个百分点，该项考核扣____分 3. 指标值低于____%，该项不得分
运营	技术研发项目立项数	5%	1. 不低于____个项目 2. 每较目标值少1个项目，该项考核扣____分 3. 低于____个项目，该项考核不得分
运营	研发项目计划完成率	10%	1. 研发项目计划完成率达到____% 2. 每较目标值减少____个百分点，该项考核扣____分 3. 指标值低于____%，该项不得分

续表

结果项目	评估指标	权重	评估标准
运营	技术改造项目完成数	5%	1. 技术改造项目达到____个以上 2. 每较目标值少一个项目，该项考核扣____分 3. 低于____个项目，该项考核不得分
	研发验收一次性通过率	5%	1. 研发验收一次性通过率达到____% 2. 每较目标值减少____个百分点，该项考核扣____分 3. 指标值低于____%，该项不得分
	工艺消耗定额降低率	5%	1. 工艺消耗降低率达到____% 2. 每较目标值减少____个百分点，该项考核扣____分 3. 指标值低于____%，该项不得分
	技术评审合格率	5%	1. 技术评审合格率达到____% 2. 每较目标值减少____个百分点，该项考核扣____分 3. 指标值低于____%，该项不得分
	技术标准推进	5%	1. 积极推进技术标准更新，不断提升公司标准在行业内水平，该项90～100分 2. 根据公司发展需要，推进技术更新，使公司标准处于业内平均水平，该项70～89分 3. 不主动进行公司技术更新，新技术或标准推行不力，该项69分及以下
	技术专利申请数	5%	1. 年度技术专利等申请数不低于____项 2. 每较目标值少一个项目，该项考核扣____分 3. 低于____个项目，该项考核不得分
客户	新产品销售额	10%	1. 新产品上市半年内月平均销售额达到____万元 2. 每较目标值减少____万元，该项考核扣____分 3. 新产品上市半年内月平均销售额低于____，该项不得分
	技术服务满意度评分	5%	1. 平均达到____分 2. 平均分每较目标值少____分，该项考核扣除____分 3. 满意度评分平均分低于____分，该项考核不得分
	新产品客户投诉数量	5%	1. 因产品设计问题导致的客户投诉数量不高于____次 2. 每较目标值增加一次，该项考核扣除____分
学习发展	核心员工保有率	10%	1. 核心员工保有率不低于____% 2. 每较目标值减少____个百分点，该项考核扣____分 3. 核心员工保有率低于____%，该项考核不得分
	培训计划完成率	5%	1. 培训计划完成率达____% 2. 每较目标值减少____个百分点，该项考核扣____分 3. 指标值低于____%，该项不得分
	外部学习培训次数	5%	1. 外部学习培训次数不低于____次 2. 每较目标值少1次，该项考核扣____分 3. 低于____次，该项考核不得分

2.3.6 采购总监结果标准

职位名称：采购总监			评估时间：　　年　月　日

结果项目	评估指标	权重	评估标准
财务	采购费用节约率	5%	1. 采购费用节约率达____% 2. 每较目标值减少____个百分点，该项考核扣____分 3. 指标值低于____%，该项不得分
财务	采购成本降低率	5%	1. 采购成本降低率≥____%，该项得满分 2. 当0≤采购成本降低率<　%，该项考核得____~____分 3. 当____%≤采购成本降低率<0，该项考核得____~____分 4. 当指标值小于____%，该项不得分
财务	部门费用控制情况	5%	1. 部门费用控制在预算范围内 2. 每超出费用预算____%，扣____分 3. 超出费用预算____%以上，该项不得分
运营	采购计划完成率	10%	1. 采购计划完成率达____% 2. 每较目标值减少　个百分点，该项考核扣____分 3. 指标值低于____%，该项不得分
运营	采购招标目标达成率	5%	1. 采购招标目标达成率达____% 2. 每较目标值减少____个百分点，该项考核扣____分 3. 指标值低于____%，该项不得分
运营	采购价格合理性	5%	1. 采购价格不高于市场平均价 2. 采购价格每高于市场平均价____%，该项扣____分
运营	采购质量合格率	10%	1. 采购质量合格率达____% 2. 每较目标值减少____个百分点，该项考核扣____分 3. 指标值低于____%，该项不得分
运营	紧急订单响应率	5%	1. 紧急订单响应率达____%以上，该项指标得满分 2. 当____%≤紧急订单响应率<____%，得____~____分 3. 当紧急订单响应率<____%，得____~____分
运营	库存周转率	5%	1. 库存周转率，又称库存周转次数，是指在一定时间（通常为一年）内库存循环使用的次数 2. 库存周转率 = $\dfrac{期间出入库总金额}{期间库存平均金额}$ 3. 库存周转率达____次以上；库存周转率为____次至____次，该项得____~____分；库存周转率<____次，得60分及以下
运营	交货差错率	5%	1. 交货差错率≤____% 2. 每较目标值增加____个百分点，该项考核扣____分 3. 当交货差错率>____%，该项考核不得分

续表

结果项目	评估指标	权重	评估标准
运营	交货延迟损失	10%	1. 交货延迟损失＝停工待料损失＋赶工加班费用＋顾客订单流失损失＋交货延迟紧急运输费用＋延迟期间货物调价损失＋其他因延迟交货造成的损失 2. 交货延迟损失≤____元；当____＜交货延迟损失≤____元，每高出____元，扣除该项考核分____分 3. 当交货延迟损失金额＞____元，该项不得分
运营	责任缺货次数	5%	1. 责任缺货次数为0，该项得满分 2. 责任缺货率每增加____次，该项扣____分 3. 当责任或缺货率＞____次，该项不得分
客户	用户投诉次数	5%	1. 用户投诉次数为0，此项指标得满分 2. ____＜用户投诉次数≤____，此项指标得分为____～____分 3. 用户投诉次数＞____，此项指标不得分
客户	供应商履约率	5%	1. 供应商履约率＝$\frac{已履约合同数}{签订的合同总数}\times100\%$ 2. 供应商履约率达____% 3. 每较目标值减少____个百分点，该项考核扣____分 4. 指标值低于____%，该项不得分
客户	新开发供应商数量	5%	1. 新开发供应商数量不低于____个 2. 每较目标值少一个，该项考核扣____分 3. 新开发供应商数量低于____个，该项考核不得分
学习发展	采购人员任职资格达标率	5%	1. 采购人员任职资格达标率达到____% 2. 每较目标值减少____个百分点，该项考核扣____分 3. 指标值低于____%，该项不得分
学习发展	核心人才引进数量	5%	1. 核心人才引进数量不低于____个 2. 每较目标值少一个，该项考核扣____分 3. 核心人才引进数量低于____个，该项考核不得分

第 3 章

营销客服类岗位任职资格标准体系

3.1 营销客服类岗位胜任标准体系设计

3.1.1 市场经理胜任标准

职位基本信息	
职位名称：市场经理 所属部门：	职位编号： 直接上级：

胜任项	胜任子项	具体要求
学历	学习形式	☑全日制　□函授　□自考　□夜大
	学历层次	□博士　□硕士　☑本科　□专科　□高职高专　□中专
知识	专业知识	企业管理、市场营销、广告学、市场策划、公共关系等专业知识
	业务知识	1. 了解不同类型的客户及本行业的发展状况 2. 具有公共关系开发与维护的知识
	基础知识	熟悉公司法，掌握公司相关行业的行业标准及产品知识
经验	工作经验	5年以上市场营销工作经验
	培训经历	参加本公司或大型企业的市场推广、策划的培训
能力	基础能力	熟练运用 Word、Excel、PowerPoint 等办公软件及 photoshop 等设计软件
	通用能力	具有较强的沟通能力、组织协调能力、创新能力及应变能力
	管理能力	具有较强的决策能力、目标管理能力、团队建设能力
技能	上岗技能	具备市场管理员资格
	业务技能	具有市场导向能力、市场策划能力及关系网建立能力
素养	自身素养	有学习意识和团队意识
	职业素养	认同本公司的企业文化，具有较高忠诚度、自律性、敬业精神

3.1.2 销售经理胜任标准

职位基本信息	
职位名称：销售经理 所属部门：	职位编号： 直接上级：

胜任项	胜任子项	具体要求
学历	学习形式	☑全日制　□函授　□自考　□夜大
	学历层次	□博士　□硕士　☑本科　□专科　□高职高专　□中专
知识	专业知识	工商管理、市场营销等相关专业知识
	业务知识	1. 了解本企业相关产品知识 2. 了解本企业的销售渠道 3. 具备熟练的销售技能和技巧
	基础知识	熟练掌握公司法、合同法、直销法等相关法律法规
经验	工作经验	5年以上销售及销售管理工作经验
	培训经历	1. 在工作期间参加过行业的产品知识培训 2. 销售人员考核激励管理办法的培训 3. 销售技能和技巧的培训
能力	基础能力	具备基本的计算机操作能力、办公软件操作能力
	通用能力	具备很强的人际交往能力和沟通能力，还需具备组织协调能力、应变能力
	管理能力	具备很强的决策能力、目标管理能力、团队建设能力、激励能力
技能	上岗技能	具备营销师资格
	业务技能	具备很强的关系网建立能力、渠道管理能力、市场拓展能力、商务谈判能力、客户关系管理能力
素养	自身素养	很高的主动性、精力充沛、责任心强、很强的自我约束能力
	职业素养	具有很强的成就欲、客户服务意识、诚信意识、忠诚度、廉洁自律性

3.1.3 区域经理胜任标准

职位基本信息	
职位名称：区域经理 所属部门：	职位编号： 直接上级：

胜任项	胜任子项	具体要求
学历	学习形式	☑全日制　□函授　□自考　□夜大
	学历层次	□博士　□硕士　☑本科　□专科　□高职高专　□中专
知识	专业知识	具有企业管理、市场营销、市场策划等专业知识
	业务知识	1. 了解区域市场的特点、市场动态和发展趋势 2. 熟悉区域内的销售渠道 3. 掌握本行业产品的销售方法
	基础知识	了解负责区域的行业政策、相关的法律法规
经验	工作经验	3年以上销售工作经验，或1年以上区域销售管理经验
	培训经历	参加过区域特点研究的相关培训、营销策划的相关培训，参加过领导力的培训
能力	基础能力	熟练掌握相关办公软件，很强的写作能力，能进行方案编写
	通用能力	具备很高的人际交往能力、沟通能力、组织协调能力、逻辑分析能力、问题分析与解决能力、计划管理能力、创新能力、应变能力、信息管理能力
	管理能力	具备较高的战略管理能力、决策能力、目标管理能力、团队建设能力、激励能力
技能	上岗技能	具备市场管理员资格
	业务技能	具备很强的市场策划能力、渠道管理能力、市场拓展能力、商务谈判能力、客户关系管理能力、公关能力
素养	自身素养	有自我调节能力，能够承受压力、分解压力、释放压力，时刻保持清晰的头脑
	职业素养	须有很强的进取心、客户服务意识、成本意识，充满自信和激情，同时具有平和的心态和人格魅力

3.1.4 客服经理胜任标准

职位基本信息	
职位名称：客服经理 所属部门：	职位编号： 直接上级：

胜任项	胜任子项	具体要求
学历	学习形式	☑全日制　□函授　□自考　□夜大
	学历层次	□博士　□硕士　□本科　☑专科　□高职高专　□中专
知识	专业知识	市场营销、公共关系、企业管理等专业知识
	业务知识	熟悉客户投诉处理的技巧、客户关系维护相关知识
	基础知识	1. 了解客户服务政策及规范 2. 掌握客户服务标准、业务标准和流程标准
经验	工作经验	5年以上客户服务管理工作经验
	培训经历	参加过客户服务经理资格的专门培训
能力	基础能力	具备良好的计算机操作能力、办公软件操作能力
	通用能力	具备很强的人际交往能力、沟通能力、问题分析与解决能力、应变能力、系统思考能力、组织协调能力、信息管理能力
	管理能力	具备较高的团队建设能力、激励能力、授权控制能力、督导能力、教练能力
技能	上岗技能	具备客户服务管理师资格
	业务技能	1. 具备换位思考的能力，能站在客户的立场思考问题 2. 具备业务监控能力，适时进行客户服务质量的监控
素养	自身素养	需认真、负责，严于律己，有很高的道德素质
	职业素养	具有较高的客户服务意识、诚信意识和忠诚度

3.1.5 渠道经理胜任标准

职位基本信息	
职位名称：渠道经理 所属部门：	职位编号： 直接上级：

胜任项	胜任子项	具体要求
学历	学习形式	☑全日制　□函授　□自考　□夜大
	学历层次	□博士　□硕士　☑本科　□专科　□高职高专　□中专
知识	专业知识	市场营销、产品管理、渠道管理专业知识
	业务知识	1. 了解产品销售的相关渠道 2. 掌握渠道的规划、建设与拓展等业务知识
	基础知识	了解公司法、合同法等法律知识及相关的行业法规
经验	工作经验	5年以上渠道管理工作经验
	培训经历	参加过相关的营销渠道设计、销售渠道推广、营销渠道开发、渠道实战的培训
能力	基础能力	具备基本的计算机操作能力、办公软件操作能力，具备较强的学习能力
	通用能力	具备人际交往能力、沟通能力、创新能力、问题分析与解决能力、应变能力、计划管理能力
	管理能力	具备战略管理能力、决策能力、团队建设能力、激励能力等
技能	上岗技能	取得市场渠道经理资格或营销师资格
	业务技能	具备渠道规划建设能力、渠道管理支持能力、营销策划实施能力
素养	自身素养	具有敬业精神，高度的工作责任心，良好的团队合作精神，认同公司的企业文化
	职业素养	具有很强的成就欲、诚信意识、成本意识和廉洁自律性

3.1.6 市场专员胜任标准

职位基本信息	
职位名称：市场专员 所属部门：	职位编号： 直接上级：

胜任项	胜任子项	具体要求
学历	学习形式	☑全日制　□函授　□自考　□夜大
	学历层次	□博士　□硕士　□本科　☑专科　□高职高专　□中专
知识	专业知识	工商管理、市场营销、公共关系相关专业
	业务知识	1. 了解产品市场状况、市场分析报告体系 2. 熟悉市场推广、产品宣传等相关业务知识
	基础知识	熟悉公司法，掌握公司相关行业的行业标准及产品知识
经验	工作经验	1年以上的市场相关工作经验
	培训经历	参加过沟通技巧及礼貌礼仪的培训
能力	基础能力	基本掌握计算机办公系统操作及运用、photoshop等设计软件的使用
	通用能力	具备很强的执行能力、沟通能力、团队协作能力、人际交往能力、信息管理能力
	管理能力	具备较高的决策能力、目标管理能力
技能	上岗技能	具备市场管理员资格
	业务技能	具备很强的市场策划实施能力、市场信息分析能力、商务谈判能力
素养	自身素养	具有很强的工作主动性，做事认真，认同公司的企业文化
	职业素养	具有强烈的成就导向，具有客户服务意识及团队意识

3.1.7 销售专员胜任标准

职位基本信息	
职位名称：销售专员 所属部门：	职位编号： 直接上级：

胜任项	胜任子项	具体要求
学历	学习形式	☑全日制　□函授　□自考　□夜大
	学历层次	□博士　□硕士　□本科　☑专科　□高职高专　□中专

续表

胜任项	胜任子项	具体要求
知识	专业知识	工商管理、市场营销相关专业
	业务知识	具有客户开发、沟通、跟进、签单及售后服务相关知识
	基础知识	熟练掌握公司法、合同法等相关法律法规
经验	工作经验	一年以上市场营销、电话销售、网络销售等相关经验
	培训经历	参加过沟通技巧及礼貌礼仪的培训，参加过相关产品知识、营销知识的培训
能力	基础能力	具备基本的计算机操作能力、办公软件操作能力
	通用能力	具备很强的人际交往能力、沟通能力、执行能力，能有效地开展销售业务
	管理能力	具备很强的目标管理能力，确保销售目标得到实现
技能	上岗技能	具备营销员资格
	业务技能	具有很强的市场拓展能力、商务谈判能力、客户关系管理能力
素养	自身素养	工作积极热情，具备良好的抗压能力，喜爱销售行业，勇于挑战困难
	职业素养	具有很强的进取心、成就欲、客户服务意识和诚信意识

3.1.8 客服专员胜任标准

职位基本信息	
职位名称：客服专员 所属部门：	职位编号： 直接上级：

胜任项	胜任子项	具体要求
学历	学习形式	☑全日制　□函授　□自考　□夜大
	学历层次	□博士　□硕士　□本科　☑专科　□高职高专　□中专
知识	专业知识	市场营销、企业管理相关专业
	业务知识	了解客服的售前、售中、售后各项工作的相关知识，熟悉客户投诉处理技巧
	基础知识	了解相关的客户服务制度、政策、服务标准及服务流程
经验	工作经验	一年以上客户服务工作经验
	培训经历	参加过沟通技巧及礼貌礼仪的培训
能力	基础能力	1. 掌握网站商务通、QQ、MSN等网络软件的应答及回复方法 2. 熟练使用 Word、Excele、Powpoint 等办公软件
	通用能力	具有良好的人际交往能力、沟通能力、执行能力、问题分析与解决能力、应变能力、团队协作能力
	管理能力	——

续表

胜任项	胜任子项	具体要求
技能	上岗技能	具有客户服务管理师资格
	业务技能	具有换位思考能力、客户关系建立及维护能力
素养	自身素养	有积极进取、永不言败的良好心态,能够承受挫折和打击,能进行自我情绪的调节及掌控
	职业素养	具有良好的客户服务意识、诚信意识及团队合作意识

3.2 营销客服类岗位工作标准体系设计

3.2.1 市场经理工作标准

工作事项	工作依据与规范	工作成果或目标
1. 市场调研	◆ 企业发展战略、产品的销售报告、产品的相关特性及适用人群、市场调研管理办法	1) 调研计划达成率达____% 2) 调研报告提交及时率达到____%
2. 编制市场策划方案	◆ 企业形象手册、品牌定位、营销战略、市场推广预算、市场策划方案编制规范	市场策划方案的成功率达到____%
3. 市场推广	◆ 市场调研分析报告、市场策划方案、具体产品的销售渠道、市场推广预算	1) 市场占有份额不低于____% 2) 推广计划完成率达到____%
4. 广告宣传	◆ 广告宣传方式、广告投放预算、广告宣传计划编制规范、广告宣传管理制度、广告费用管理制度	1) 广告投放有效率达____% 2) 在媒体广告上宣传企业广告的次数达到____次
5. 成本控制	◆ 费用控制目标,市场调研、推广、广告宣传等成本预算,市场部费用使用控制流程和管理办法	部门费用预算达成率为____%
6. 员工管理	◆ 员工招聘计划、培训计划,员工绩效考核评分标准、日常管理办法、绩效考核管理办法	1) 培训计划完成率达____% 2) 员工绩效考核平均得分____以上

3.2.2 销售经理工作标准

工作事项	工作依据与规范	工作成果或目标
1. 制订销售计划	◆ 上一年历史营销数据，今年总体营销目标文件、市场研究分析报告、市场推广预算书、销售计划编制规范	1）销售计划达成率达____% 2）及时制订销售计划
2. 开展销售活动	◆ 销售计划、销售方案、销售渠道、销售方式，产品的性能、市场同类产品的相关信息，销售预算	1）年销售额增长率达____% 2）产品市场占有率达____%
3. 售后服务管理	◆ 上一年的售后服务数据，今年的售后服务规划、售后服务质量标准、售后服务管理方案，产品的维修服务办法	1）客户有效投诉次数控制在____次以内 2）客户满意度达____分
4. 销售账款管理	◆ 上一年销售账款回收数据，销售账款坏账风险分析，客户销售合同，销售账款控制办法	1）坏账率低于____% 2）销售账款回收率达____%
5. 客户关系管理	◆ 客户分级管理办法，客户评级标准，客户接待、回访管理办法及费用预算、客户关系维护方案	1）新增客户数量达到____家 2）客户流失率低于____%
6. 销售成本控制	◆ 上年度销售成本的分析报告，今年的营销计划与销售预算、销售成本控制流程和管理办法	1）销售毛利率达到____% 2）销售费用节省率达到____%
7. 销售人员管理	◆ 年度业务规划、员工发展规划、员工招聘计划、员工培训计划、员工绩效考核管理办法、销售提成管理办法	1）核心员工保有率达到____% 2）培训计划完成率达到____%

3.2.3 区域经理工作标准

工作事项	工作依据与规范	工作成果或目标
1. 运营管理	◆ 总部产品营销策略，上年度区域营销计划，本区域的销售目标，市场分析报告，区域销售预算、计划编制规范	1）区域市场销售计划完成率达到____% 2）区域销售计划编制及时率达到____%
2. 市场推广	◆ 年度区域市场开发计划，上年度的市场占有率，市场推广分析报告，本年度的销售计划、产品规划、市场推广控制办法	1）区域市场策划方案成功率达到____% 2）组织区域市场推广活动的次数达到____次 3）广告投放有效率达到____%

续表

工作事项	工作依据与规范	工作成果或目标
3. 销售管理	◆ 总公司营销战略和销售目标，区域的计划和销售策略，新产品上市计划，网络营销计划及促销计划，销售管理办法	1）区域销售增长率达到____% 2）区域销售利润率达到____% 3）区域销售呆账、坏账率控制在____%以内
4. 经销商管理	◆ 上年度经销商考核评级、经销商分级管理办法，经销商信用管理办法，区域销售计划、渠道控制流程、经销商管理工作流程	1）经销商满意度达到____分 2）新增经销商数量____位
5. 市场信息管理	◆ 本区域产品销售计划，市场信息处理办法，信息系统管理办法，信息来源渠道分析	1）市场信息收集及时、全面 2）市场信息与实际情况相符
6. 销售费用的管理	◆ 区域销售目标，市场推广的费用预算、产品销售渠道开发等费用预算，区域销售总费用预算，销售预算使用流程和管理办法	1）区域市场推广活动费用的控制率达到____% 2）区域销售预算的达成率达到____%

3.2.4 客服经理工作标准

工作事项	工作依据与规范	工作成果或目标
1. 客户服务规划	◆ 企业经营方针，营销战略，企业销售目标，产品市场占有率，客户群的特点	1）服务计划完成率达到____% 2）客户服务规划方案一次性通过率达到____% 3）客服费用控制率达到____%
2. 客户投诉处理	◆ 客户投诉的方式及渠道，产品使用、维修知识，客户服务标准，服务工作流程，投诉处理办法	1）投诉处理及时率达到____% 2）客户意见反馈及时率达____% 3）客户投诉解决满意度评分达到____分
3. 大客户管理	◆ 大客户开发计划，大客户服务方案，大客户资格审核流程，大客户服务管理制度，大客户关系维护制度	1）大客户满意度达到____分 2）大客户流失率控制在____%
4. 客户关系管理	◆ 客户的名单、电话、地址等信息，客户接待管理规定，客户回访管理制度，客户关系维护的工作流程	1）客户服务满意度达到____分 2）客户有效投诉次数少于____次 3）客户回访率达到____%

续表

工作事项	工作依据与规范	工作成果或目标
5. 客户信息的管理	◆ 客户信息的来源及渠道，客户信息管理系统使用规定，客户信息处理办法	客户信息完整、准确
6. 客服人员的管理	◆ 客服人员日常管理规定，客服人员绩效考核管理办法，客户人员考核标准，服务质量标准	1）培训计划完成率达到____% 2）员工绩效考核平均得分达到____分以上

3.2.5 渠道经理工作标准

工作事项	工作依据与规范	工作成果或目标
1. 渠道开发	◆ 企业的营销战略，渠道政策，企业前期使用的渠道信息，本区域销售渠道现状分析报告	1）新增渠道成员数量达____家 2）渠道拓展计划一次性通过率达到____%
2. 渠道铺货	◆ 上一年的历史铺货数据，今年的总体营销计划、销售策略、渠道货物存量控制标准，铺货的工作流程与标准	1）单月渠道铺货率达到____% 2）渠道库存量控制在____~____件
3. 渠道销售	◆ 产品市场需求调研报告，渠道销售目标、渠道销售方案、渠道销售管理制度及流程	1）渠道总销售额达到____件 2）渠道销售回收率达到____%
4. 渠道管控	◆ 渠道管理政策，渠道管理控制的标准，渠道成员管理标准，渠道管理制度与控制流程	1）渠道成员满意度达到____分 2）渠道管理按规定的制度流程运行
5. 渠道费用管控	◆ 上一年的历史销售渠道管理费用，今年的总体费用控制目标、销售渠道费用预算、渠道费用控制办法	渠道费用节省率高于____%
6. 客户关系维护	◆ 客户基本信息档案，客户关系维护管理办法，客户关系维护工作标准	1）客户对服务满意度达____分 2）客户有效投诉次数低于____次

3.2.6 市场专员工作标准

工作事项	工作依据与规范	工作成果或目标
1. 市场调研分析	◆ 前期的市场调研分析报告，最新的产品信息、市场分析报告的编制规范	1）按时提交市场分析报告 2）市场分析报告确保准确
2. 实施市场推广	◆ 前期的市场推广活动方案，今年的总体营销目标、市场分析报告、市场推广预算、方案编制规范	1）推广活动完成率达____% 2）市场推广活动效果评分达到____分
3. 广告宣传	◆ 前期广告宣传效果评价，年度广告计划、广告媒体的选择流程、广告投放控制流程、广告宣传预算	1）广告通过率达到____% 2）广告费效比达到____：____ 3）媒体正面曝光次数达____次
4. 公共关系维护	◆ 专业媒体及大众媒体等相关媒体的信息，公共关系管理办法，危机公关应急预案	合作单位满意度达到____分

3.2.7 销售专员工作标准

工作事项	工作依据与规范	工作成果或目标
1. 客户开发	◆ 产品营销策略，区域市场调查分析报告，新客户开发计划、客户开发方案、客户开发实施办法、客户开发费用预算	1）新增客户数达到____家 2）客户开发计划完成率不得低于____%
2. 销售活动	◆ 产品的性能、市场同类产品的相关信息，销售预算、销售计划、销售方案、产品销售实施办法，促销管理办法	1）新客户成交额达到____元 2）销售额增长率达到____% 3）销售任务完成率达到____%
3. 售后服务	◆ 售后服务质量标准，产品的维修保养服务管理办法，售后服务工作规范，维修与保养作业程序	1）客户投诉解决率达到____% 2）客户保有率达到____%

续表

工作事项	工作依据与规范	工作成果或目标
4. 销售款管理	◆ 上一年度销售账款回收数据、销售账款回收目标，今年的销售账款控制办法、销售款催收办法	1）销售货款回收率达到____% 2）销售合同履约率达到____%
5. 客户信息管理	◆ 客户信息收集处理办法，客户信息使用规定，客户信息管理系统使用规定及操作流程	客户档案缺失率低于____%
6. 销售费用使用	◆ 上一年度的历史销售费用，销售费用控制目标，销售费用使用办法，销售费用控制标准	销售费用节省率高于____%

3.2.8 客服专员工作标准

工作事项	工作依据与规范	工作成果或目标
1. 客户退换货处理	◆ 客户服务标准，退换货处理标准，退换货处理管理办法和流程	1）客户满意度评分达____分 2）退换货记录需完整、真实
2. 客户投诉处理	◆ 客户投诉的方式及渠道，产品使用、维修知识，客户投诉处理管理办法，客户服务标准	1）客户意见反馈及时率达____% 2）客户投诉解决率达到____% 3）投诉记录需完整
3. 大客户管理	◆ 客户分级管理制度，大客户筛选流程、大客户拜访流程、大客户流失管理方案	1）大客户满意度达到____% 2）大客户的流失率低于____%
4. 客户回访	◆ 客户的名单、电话、地址等信息，客户回访的要求及目标，客户回访管理办法	1）客户回访的完成率达到____% 2）大客户走访率达到____%
5. 客户档案管理	◆ 档案立档归档流程，客户档案管理办法，客户档案借阅管理办法，客户档案使用管理办法	客户档案缺失率低于____%

3.3 营销客服类结果标准体系设计

3.3.1 市场经理结果标准

职位名称：市场经理			评估时间： 年 月 日
结果项目	评估指标	权重	评估标准
市场调研管理	市场调研计划完成率	10%	1. 市场调研计划达成率 = $\dfrac{\text{实际调研次数}}{\text{计划调研次数}} \times 100\%$ 2. 调研计划达成率达到____%，每降低____%，减____分
	调研报告提交及时率	5%	1. 调研报告提交及时率 = $\dfrac{\text{及时上交调研报告数}}{\text{应上交调研报告数}} \times 100\%$ 2. 调研报告提交及时率达____%，每降低____%，减____分
市场策划管理	市场策划方案成功率	10%	1. 策划方案成功率 = $\dfrac{\text{成功的市场策划方案数}}{\text{总市场策划方案数}} \times 100\%$ 2. 市场策划方案成功率达____%，每降低____%，减____分
市场推广管理	市场推广计划完成率	10%	1. 推广计划完成率 = $\dfrac{\text{市场推广计划实际完成量}}{\text{计划完成量}} \times 100\%$ 2. 推广计划完成率达____%，每降低____%，减____分
	市场占有率	15%	1. 市场占有率 = $\dfrac{\text{产品销售量}}{\text{此类产品的市场销售总量}} \times 100\%$ 2. 产品市场占有率达____%，每降低____%，减____分
广告宣传管理	广告投放有效率	15%	1. 广告投放有效率 = $\dfrac{\text{广告费用增长率}}{\text{销售收入增长率}} \times 100\%$ 2. 广告投放有效率达____%，每降低____%，减____分
	企业广告宣传次数	10%	1. 每个月公司投放在媒体广告上宣传企业广告的次数 2. 每个月广告播放次数达____次，每少一次，减____分
成本控制	费用预算达成率	10%	1. 费用预算达成率 = $\dfrac{\text{市场部总支出}}{\text{市场部总预算}} \times 100\%$ 2. 部门费用预算达成率不得超过 100%，若≤100%，得满分，若>100%，每超过____%，扣____分

续表

结果项目	评估指标	权重	评估标准
员工管理	培训计划完成率	5%	1. 培训计划完成率=$\dfrac{实际进行培训的次数}{培训计划的次数}\times 100\%$ 2. 培训计划完成率达____%，每降低____%，减____分
	员工绩效考核平均得分	10%	1. 对部门员工绩效考核具体项目进行评分，根据所占的权重计算绩效考核的平均得分 2. 员工绩效考核平均得分达到____分，每降低____%，减____分

3.3.2 销售经理结果标准

职位名称：销售经理			评估时间：　　年　月　日

结果项目	评估指标	权重	评估标准
制订销售计划	销售计划完成率	10%	1. 销售计划完成率=$\dfrac{实际销售额}{计划销售额}\times 100\%$ 2. 销售计划完成率达到____%，每降低____%，减____分
	及时制订销售计划	5%	1. 销售计划的制订能确保销售相关活动的展开 2. 按时制订销售计划，每延迟1日，减____分
销售活动管理	年销售额增长率	10%	1. 年销售额增长率=$\dfrac{当年销售额-上年度销售额}{上年度销售额}\times 100\%$ 2. 年销售额增长率达____%，每降低____%，减____分
	产品市场占有率	10%	1. 产品市场占有率=$\dfrac{当前的产品销售额}{当前该类产品市场销售额}\times 100\%$ 2. 产品市场占有率达____%，每降低____%，减____分
售后服务管理	客户有效投诉次数	5%	1. 客户有效投诉次数代表服务人员存在怠慢客户、不能及时帮助客户解决问题的情况，次数越多服务越差 2. 客户有效投诉次数低于____次，每多____次，减____分
	客户满意率	5%	1. 客户满意率=$\dfrac{满意评价数}{总调查人数}\times 100\%$ 2. 客户满意率达到____%，每降低____%，减____分
销售账款管理	坏账率	5%	1. 坏账率=$\dfrac{坏账损失}{部门销售总额}\times 100\%$ 2. 坏账率低于____%，每高____%，减____分
	销售账款回收率	10%	1. 销售账款回收率=$\dfrac{实际回款额}{计划回款额}\times 100\%$ 2. 销售账款回收率达到____%，每降低____%，减____分

续表

结果项目	评估指标	权重	评估标准
客户关系管理	新增客户数	5%	1. 新客户数量增加说明客户关系管理工作进展顺利，客户关系良好、稳定 2. 新增客户数量达到____位，每降低____位，减____分
	客户流失率	10%	1. 客户流失率=$\frac{客户减少数}{客户总数}\times 100\%$ 2. 客户流失率低于____%，每高____%，减____分
销售费用管理	销售毛利率	10%	1. 销售毛利率=$\frac{总销售额-销售成本费用}{总销售额}\times 100\%$ 2. 销售毛利率达到____%，每降低____%，减____分
	销售费用超支率	5%	1. 销售费用超支率=$\left(\frac{实际销售费用}{销售费用预算}-1\right)\times 100\%$ 2. 销售费用超支率≤0时，该指标得满分；销售费用超支率>0时，每高____%，减____分，直到得分为0
销售人员管理	核心员工保有率	5%	1. 核心员工保有率 =$\frac{期末核心员工数-期内新增核心员工数}{期初核心员工数}\times 100\%$ 2. 核心员工保有率达到____%，每降低____%，减____分
	培训计划完成率	5%	1. 培训计划完成率=$\frac{实际培训次数}{计划培训次数}\times 100\%$ 2. 培训计划完成率达到____%，每降低____%，减____分

3.3.3 区域经理结果标准

职位名称：区域经理			评估时间： 年 月 日

结果项目	评估指标	权重	评估标准
运营管理	区域市场销售计划完成率	10%	1. 区域市场销售计划完成率 =$\frac{区域市场销售实际完成金额（数量）}{区域市场销售计划金额（数量）}\times 100\%$ 2. 区域市场销售计划完成率达____%，每降低____%，减____分
	区域销售计划编制及时率	5%	1. 销售计划编制及时率=$\frac{计划编制及时的次数}{计划编制的总次数}\times 100\%$ 2. 销售计划编制及时率达____%，每降低____%，减____分

续表

结果项目	评估指标	权重	评估标准
市场推广	区域市场策划方案成功率	5%	1. 区域市场策划方案成功率=$\frac{成功方案数}{提交方案数}\times100\%$ 2. 区域市场策划方案成功率达到____%，每降低____个百分点，减____分
市场推广	组织区域市场推广活动的次数	5%	1. 每个考核期内组织区域市场推广活动的次数 2. 组织区域市场推广活动的次数达到____次，每降低____次，减____分
市场推广	广告投放有效率	10%	1. 广告投放有效率=$\frac{广告费用增长率}{销售收入增长率}\times100\%$ 2. 广告投放有效率达到____%，每降低____%，减____分
销售管理	区域销售增长率	10%	1. 区域销售增长率 =$\frac{区域当年销售额-区域上年度销售额}{区域上年度销售额}\times100\%$ 2. 区域销售增长率达到 %，每降低____%，减____分
销售管理	区域销售利润率	5%	1. 区域销售利润率 =$\frac{区域总销售额-区域销售成本费用}{区域总销售额}\times100\%$ 2. 区域销售利润率达到 %，每降低____%，减____分
销售管理	区域销售呆坏账率	10%	1. 呆坏账率=$\frac{呆账、坏账损失}{主营业务收入}\times100\%$ 2. 呆坏账率控制在____%以内，每高____%，减____分
经销商管理	经销商满意率	10%	1. 经销商满意率=$\frac{满意评价数}{总经销商数量}\times100\%$ 2. 经销商满意率达到____%，每降低____%，减____分
经销商管理	新增经销商数量	5%	1. 经销商数量增加说明经销商开发工作开展顺利，经销商关系良好、稳定 2. 新增客户数量达到____家，每降低____家，减____分
市场信息管理	市场信息收集的及时性	5%	1. 按时收集市场信息，及时更新市场信息资源库 2. 按时进行信息收集，每延迟1日，减____分
市场信息管理	市场信息准确性	5%	1. 市场信息准确性反映了市场信息与实际情况的差距 2. 每发现一次信息错误，减____分
销售费用管理	区域市场推广活动费用控制率	10%	1. 区域市场推广活动费用控制率 =$\frac{区域市场推广活动实际费用支出}{区域市场推广活动费用预算}\times100\%$ 2. 区域市场推广活动费用控制率控制在100%以内，若≤100%，得满分，若>100%，每超过____%，扣____分
销售费用管理	区域销售预算达成率	5%	1. 区域销售预算达成率=$\frac{区域销售实际费用支出}{区域销售费用预算}\times100\%$ 2. 区域销售预算达成率控制在100%以内，若≤100%，得满分，若>100%，每超过____%，扣____分

3.3.4 客服经理结果标准

职位名称：客服经理			评估时间： 年 月 日

结果项目	评估指标	权重	评估标准
客户服务规划	客户服务计划完成率	5%	1. 客户服务计划完成率 $=\dfrac{客户服务计划实际完成数}{客户服务计划数}\times100\%$ 2. 客户服务计划完成率达到___%，每降低___%，减___分
客户服务规划	客户服务方案通过率	5%	1. 客户服务方案通过率 $=\dfrac{通过的客户服务方案数}{提交的客户服务方案数}\times100\%$ 2. 客户服务方案通过率达到___%，每降低___%，减___分
客户服务规划	客服费用控制率	10%	1. 客服费用控制率 $=\dfrac{服务费用开支额}{服务费用预算额}\times100\%$ 2. 客服费用控制率控制在100%以内，若≤100%，得满分，若＞100%，每超过___%，扣___分
客户投诉处理	客户投诉处理及时率	10%	1. 客户投诉处理及时率 $=\dfrac{客户投诉及时处理件数}{客户总投诉件数}\times100\%$ 2. 客户投诉处理及时率达到___%，每降低___%，减___分
客户投诉处理	客户意见反馈及时率	5%	1. 客户意见反馈及时率 $=\dfrac{标准时间内反馈客户意见的次数}{总共需要反馈的次数}\times100\%$ 2. 客户意见反馈及时率达___%，每降低___个百分点，减___分
客户投诉处理	客户投诉解决满意率	10%	1. 客户投诉解决满意率 $=\dfrac{客户对解决结果满意的投诉数量}{总投诉数量}\times100\%$ 2. 客户投诉解决满意率达到___%，每降低___%，减___分
大客户管理	大客户满意率	10%	1. 大客户满意率 $=\dfrac{大客户对解决结果满意的数量}{总解决问题的数量}\times100\%$ 2. 大客户满意率达到___%，每降低___%，减___分
大客户管理	大客户流失率	5%	1. 大客户流失率 $=\dfrac{大客户减少数}{大客户的总数}\times100\%$ 2. 大客户流失率控制在___%以内，每高___%，减___分

续表

结果项目	评估指标	权重	评估标准
客户关系管理	客户对服务的满意率	10%	1. 客户对服务的满意率 $=\dfrac{客户对服务满意的数量}{客户服务的总数}\times 100\%$ 2. 客户对服务的满意率达到____%，每降低____%，减____分
	客户有效投诉次数	5%	1. 客户有效投诉次数代表服务人员存在怠慢客户、不能及时帮助客户解决问题的情况，次数越多服务越差 2. 客户有效投诉次数低于____次，每多一次，减____分
	客户回访率	5%	1. 客户回访率 $=\dfrac{实际回访客户数}{计划回访客户数}\times 100\%$ 2. 客户回访率达到____%，每低____%，减____分
客户信息管理	客户信息的完整性	5%	1. 保证客户信息完整，对不完整的进行补充 2. 客户信息必须全部完整，每发现一条不完整的，减____分
	客户信息准确性	5%	1. 保证客户信息准确，对不准确的进行纠正 2. 客户信息必须全部准确，每发现一条不准确的，减____分
客服人员管理	培训计划完成率	5%	1. 培训计划完成率 $=\dfrac{实际培训次数}{计划培训次数}\times 100\%$ 2. 培训计划完成率达到____%，每降低____%，减____分
	员工绩效考核平均得分	5%	1. 对部门员工绩效考核具体项目进行评分，根据所占的权重计算绩效考核的平均得分 2. 员工绩效考核平均得分达____分，每降低____%，减____分

3.3.5　渠道经理结果标准

职位名称：渠道经理			评估时间：　　年　月　日

结果项目	评估指标	权重	评估标准
渠道开发	新增渠道成员数量	10%	1. 考核期内，新增加的渠道成员数量 2. 新增渠道成员数量达到____家，每降低____家，减____分
	渠道拓展计划一次性通过率	5%	1. 渠道拓展计划一次性通过率 $=\dfrac{一次通过的渠道拓展计划份数}{渠道拓展计划的提交总份数}\times 100\%$ 2. 渠道拓展计划一次性通过率达到____%，每降低____%，减____分

续表

结果项目	评估指标	权重	评估标准
渠道铺货	单月渠道铺货率	10%	1. 单月渠道铺货率=$\frac{单月渠道实际铺货量}{单月渠道计划铺货数量}\times100\%$ 2. 单月渠道铺货率达到____%，每降低____%，减____分
渠道铺货	渠道库存量	10%	1. 渠道库存量应控制在合理的范围，以免造成缺货或者库存积压等情况 2. 渠道库存量控制在____~____件，超过范围____%，减____分
渠道销售	渠道总销售额	5%	1. 通过渠道销售完成的销售额 2. 渠道总销售额达到____件，每降低____件，减____分
渠道销售	渠道销售计划完成率	10%	1. 渠道销售计划完成率=$\frac{实际完成的销售额}{渠道销售计划销售额}\times100\%$ 2. 渠道拓展计划通过率达到____%，每降低____%，减____分
渠道销售	渠道销售回款率	10%	1. 渠道销售回收率=$\frac{渠道实际回款额}{渠道计划回款额}\times100\%$ 2. 渠道销售回收率达到____%，每降低____%，减____分
渠道费用管控	渠道费用超支率	10%	1. 渠道费用超支率=$\left(\frac{实际渠道费用}{渠道费用预算}-1\right)\times100\%$ 2. 渠道费用超支率≤0时，该指标得满分；渠道费用超支率>0时，每高____%，减____分，直到得分为0
渠道管控	渠道成员满意率	10%	1. 渠道成员满意率=$\frac{渠道成员满意的数量}{总渠道成员的数量}\times100\%$ 2. 渠道成员满意率达到____%，每降低____%，减____分
渠道管控	渠道规范化管理情况	10%	1. 渠道管理是否规范化，是否有规章制度及相应的流程 2. 渠道管理按规定的流程运行，每发现一次不按流程运行，减____分
客户维护	客户对服务的满意度	5%	1. 通过向客户发放满意度调查问卷，以客户对各项服务的满意度综合评分来衡量 2. 客户对服务的满意度达到____分，每降低1分，减____分
客户维护	客户有效投诉次数	5%	1. 客户有效投诉次数代表相关人员不能及时有效地处理客户存在的问题 2. 客户有效投诉次数低于____次，每多____次，减____分

3.3.6　市场专员结果标准

职位名称：市场专员			评估时间：　　年　月　日

结果项目	评估指标	权重	评估标准
市场分析	市场分析报告提交的及时性	10%	1. 最新产品市场信息能够立即反映在报表中，及时提交 2. 报告按时提交，每延迟____日，减____分
市场分析	市场分析报告的准确性	10%	1. 市场分析报告得到决策层的认可并采纳，并为下一步的工作提供依据 2. 市场分析报告准确____分，比较准确____分，不准确 0 分
实施市场推广	推广活动完成率	15%	1. 推广活动完成率＝$\frac{实际推广数量}{计划推广数量}\times100\%$ 2. 推广活动完成率达到____%，每降低____%，减____分
实施市场推广	推广活动效果评分	15%	1. 对所有参加推广活动的人员进行问卷调查，得到推广活动效果的评分 2. 推广活动的效果评分达到____分，每降低____分，减____分
广告宣传	宣传广告通过率	10%	1. 宣传广告通过率＝$\frac{通过的宣传广告数量}{提交的宣传广告数量}\times100\%$ 2. 宣传广告通过率达到____%，每降低____%，减____分
广告宣传	广告费增销率	15%	1. 广告费增销率＝$\frac{销售额增长率}{广告费增长率}$ 2. 广告费增销率应达到____：____，每降低____，减____分
广告宣传	媒体正面曝光次数	10%	1. 在媒体上获得正面报告的次数 2. 次数达到____次，每降低____次，减____分
公共关系维护	合作单位满意度	15%	1. 通过媒体、广告制作单位，发布合作单位调查问卷满意度综合评分来衡量 2. 满意度达到____分，每降低____分，总评分减____分

3.3.7 销售专员结果标准

职位名称：销售专员			评估时间： 年 月 日

结果项目	评估指标	权重	评估标准
客户开发	新增客户数	10%	1. 开发新增客户的数量 2. 新增客户数达到____人，每减____人，减____分
销售活动	新客户成交额	10%	1. 针对新增客户的成交产品的金额 2. 新客户成交额达到____元，每降低____元，减____分
销售活动	销售增长率	10%	1. 销售额增长率=$\frac{当年销售额-上年度销售额}{上年度销售额}\times 100\%$ 2. 销售额增长率达到____%，每降低____%，减____分
销售活动	销售任务完成率	15%	1. 销售任务完成率=$\frac{实际销售额}{计划销售额}\times 100\%$ 2. 销售任务完成率达到____%，每降低____%，减____分
售后服务	客户投诉解决率	10%	1. 客户投诉解决率=$\frac{客户投诉解决的件数}{客户总投诉件数}\times 100\%$ 2. 客户投诉解决率达到____%，每降低____%，减____分
售后服务	客户保有率	10%	1. 客户保有率=$\frac{考核期内的客户数量}{上次考核期的客户数量}\times 100\%$ 2. 客户保有率达到____%，每降低____%，减____分
销售款管理	销售货款回收率	15%	1. 销售货款回收率=$\frac{实际回款额}{计划回款额}\times 100\%$ 2. 销售货款回收率达到____%，每降低____%，减____分
销售款管理	销售合同履约率	10%	1. 销售合同履约率=$\frac{实际销售额}{合同签订销售额}\times 100\%$ 2. 销售合同履约率达到____%，每降低____%，减____分
客户信息管理	客户档案缺失率	5%	1. 客户档案缺失率=$\frac{缺失档案数量}{总档案数量}\times 100\%$ 2. 客户档案缺失率低于____%，每超____%，减____分
销售制度执行	违反销售制度的次数	5%	每违规一次减____分

3.3.8 客服专员结果标准

职位名称：客服专员			评估时间：　年　月　日

结果项目	评估指标	权重	评估标准
客户退换货处理	客户满意率	15%	1. 客户满意率=$\frac{退换货满意评价数}{要求退换货人数}\times100\%$ 2. 客户满意率达到___%，每降低___%，减___分
	退换记录完整程度	5%	1. 记录退换货时间、数量、品种及退换原因 2. 无记录或记录不完整，每发现一例扣___分
客户投诉处理	客户意见反馈及时率	10%	1. 客户意见反馈及时率 =$\frac{及时反馈客户意见的次数}{总共需要反馈的次数}\times100\%$ 2. 客户意见反馈及时率达到___%，每降低___%，减___分
	客户投诉解决率	15%	1. 客户投诉解决率=$\frac{客户投诉解决的件数}{客户总投诉件数}\times100\%$ 2. 客户投诉解决率达到___%，每降低___%，减___分
	投诉记录完整性	5%	1. 有投诉记录及投诉后的工作改进措施 2. 无记录或记录不完整，每发现一例扣___分
大客户管理	大客户满意率	10%	1. 大客户满意率=$\frac{大客户对解决结果满意的数量}{总解决问题的数量}\times100\%$ 2. 大客户满意率达到___%，每降低___%，减___分
	大客户流失率	10%	1. 大客户流失率=$\frac{大客户减少数}{大客户的总数}\times100\%$ 2. 大客户流失率控制在___%以内，每高___%，减___分
客户回访	客户回访完成率	10%	1. 客户回访完成率=$\frac{客户实际回访量}{客户回访计划完成量}\times100\%$ 2. 客户回访完成率达到___%，每降低___%，减___分
	大客户走访率	10%	1. 大客户走访率=$\frac{大客户实际走访量}{客户计划走访量}\times100\%$ 2. 大客户走访率达到___%，每降低___%，减___分
客户档案管理	客户档案缺失率	10%	1. 客户档案缺失率=$\frac{缺失的客户档案数量}{客户总量}\times100\%$ 2. 客户档案缺失率低于___%，每超___%，减___分

第 4 章

生产质量类岗位任职资格标准体系

4.1 生产质量类岗位胜任标准体系设计

4.1.1 生产经理胜任标准

职位基本信息		
职位名称：生产经理 所属部门：		职位编号： 直接上级：

胜任项	胜任子项	具体要求
学历	学习形式	☑全日制 □函授 □自考 □夜大
	学历层次	□博士 □硕士 ☑本科 □专科 □高职高专 □中专
知识	专业知识	生产运营与管理、企业管理等相关专业毕业
	业务知识	1. 熟悉生产管理流程，掌握生产设备相关知识 2. 了解生产原材料成本相关知识
	基础知识	1. 掌握生产安全相关法律常识 2. 熟悉企业生产安全规范
经验	工作经验	5年以上相关领域工作经验
	培训经历	有相关能力的培训经历，优秀者可适当放宽
能力	基础能力	1. 具备一定的计算机操作常识和网络知识 2. 能够熟练使用 Word、Excel、PPT 等办公软件
	通用能力	1. 良好的沟通能力、组织协调能力 2. 较强的归纳思维能力、问题分析与解决能力 3. 卓越的计划管理能力
	管理能力	1. 较强的战略管理能力和目标管理能力 2. 卓越的决策能力和团队领导能力 3. 具备良好的授权控制能力 4. 优秀的激励能力
技能	上岗技能	根据行业不同，要求具有相应的高级生产管理证书
	业务技能	1. 具有良好的生产调度能力，合理协调生产管理工作 2. 具有较好的设备管理能力，合理分配、划拨设备，组织设备维修保养

续表

胜任项	胜任子项	具体要求
素养	自身素养	1. 富有责任心、事业心及团队合作精神 2. 勤奋踏实，逻辑思维能力强，具有极强的敬业精神
	职业素养	1. 在工作中总结创新，挑战新目标，追求卓越 2. 具有全局观念，以企业的利益为标准，富有敬业精神 3. 能够控制成本，对企业可能存在的经营风险、突发事件风险具有较高的敏感性，并能提出有效措施和应对方案

4.1.2 质量经理胜任标准

职位基本信息	
职位名称：质量经理 所属部门：	职位编号： 直接上级：

胜任项	胜任子项	具体要求
学历	学习形式	☑全日制　□函授　□自考　□夜大
	学历层次	□博士　□硕士　☑本科　□专科　□高职高专　□中专
知识	专业知识	质量管理、产品质量检验专业毕业
	业务知识	1. 熟悉质量管理体系，会运用先进的质量管理方法对质量问题进行统计分析 2. 熟悉标准化维护与完善工作
	基础知识	1. 熟悉企业质量管理体系、技术监督法律法规 2. 掌握产品知识、质量管理相关基础知识
经验	工作经验	5年以上相关工作经验
	培训经历	有相关能力的培训经历，优秀者可适当放宽
能力	基础能力	1. 能够熟练操作计算机，会使用Word、Excel等办公软件 2. 掌握数据分析及相关统计分析技术
	通用能力	1. 优秀的沟通能力、组织协调能力、问题分析与解决能力 2. 卓越的计划制订能力、产品质量管理能力 3. 良好的执行能力
	管理能力	1. 优秀的决策能力，能够在复杂环境下做出有利于企业发展的决策 2. 较强的目标管理能力和督导能力，能够制定合理的目标并及时跟踪实现情况 3. 卓越的激励能力，调度员工积极性，使其工作充满热情

续表

胜任项	胜任子项	具体要求
技能	上岗技能	持有本行业规定的质量专业技术人员职业资格证书
	业务技能	1. 能够在设定任务进度目标的同时设定质量指标，并进行质量控制，达到质量目标 2. 及时发现质量问题，并迅速分析问题、解决问题
素养	自身素养	具有自觉性、主动性和积极性，能够积极主动地对企业质量进行督导检验
	职业素养	1. 能够对企业质量进行严格监督，具有客户意识 2. 忠诚于企业，有强烈的企业荣誉感 3. 有自信，心态良好

4.1.3 计划主管胜任标准

职位基本信息	
职位名称：计划主管 所属部门：	职位编号： 直接上级：

胜任项	胜任子项	具体要求
学历	学习形式	☑全日制　□函授　□自考　□夜大
	学历层次	□博士　□硕士　□本科　☑专科　□高职高专　□中专
知识	专业知识	生产运营与管理、企业管理等相关专业毕业
	业务知识	1. 熟悉生产流程管理，掌握生产计划与调度知识 2. 了解采购与供应管理、生产成本控制方法
	基础知识	1. 熟悉企业与生产计划相关的制度规定 2. 了解生产领域先进的管理理念与方法
经验	工作经验	1. 3年以上相关的工作经验 2. 优秀者可适当放宽要求
	培训经历	有生产计划与调度相关的培训经历
能力	基础能力	1. 能够熟练操作计算机 2. 精通Word、Excel等办公软件的使用方法
	通用能力	1. 卓越的计划管理能力、逻辑分析能力和组织协调能力 2. 优秀的应变能力、问题分析与解决能力 3. 良好的信息收集与管理能力
	管理能力	1. 优秀的目标管理能力，能合理地分解目标并制订详细的工作计划 2. 良好的团队建设能力，能根据团队成员的特点分配任务

续表

胜任项	胜任子项	具体要求
技能	上岗技能	根据行业不同，具有本行业要求的资格证书
	业务技能	1. 具备生产计划能力，能够根据以前计划的完成情况及行业发展前景，完成计划的编制工作 2. 对于计划执行时有可能出现的情况有清晰的认识，并能提出应对方案
素养	自身素养	诚信正直，对负责的工作相当积极主动，全身心投入
	职业素养	1. 能独立带领下属出色地完成任务，为企业的长远发展出谋划策 2. 有责任心，对所负责的工作勇于承担责任 3. 经常对员工进行帮助、培训，使员工整体工作能力得到提高

4.1.4 车间主任胜任标准

职位基本信息	
职位名称：车间主任 所属部门：	职位编号： 直接上级：

胜任项	胜任子项	具体要求
学历	学习形式	☑全日制　□函授　□自考　□夜大
	学历层次	□博士　□硕士　□本科　☑专科　□高职高专　□中专
知识	专业知识	生产管理、质量管理等相关专业毕业
	业务知识	1. 熟悉生产流程管理、生产定额与工艺管理、生产现场管理工作 2. 掌握车间的设备使用与保养知识、安全生产管理知识 3. 了解仓储管理知识
	基础知识	1. 熟悉企业生产管理规章制度 2. 熟悉生产管理与法规，了解生产质量管理规范
经验	工作经验	3年相关岗位工作经验
	培训经历	有生产车间相关培训经历
能力	基础能力	1. 熟练使用Internet和Word、Excel等计算机办公软件 2. 持有有效驾驶执照
	通用能力	1. 具有较好的组织、计划、执行、统筹、沟通协调能力 2. 较强的语言表达能力和较好的创新能力 3. 具有较强的分析、组织能力及培训技能
	管理能力	1. 较强的督导能力，监督员工按时按量完成任务 2. 良好的教练能力，指导下属工作

续表

胜任项	胜任子项	具体要求
技能	上岗技能	根据行业不同,要求具有与生产相关的中级以上技术职称
	业务技能	1. 具有良好的生产调度能力,能合理安排车间作业活动,确保完成计划目标 2. 有较强的设备管理能力,为高效生产活动提供支持
素养	自身素养	1. 开朗自信、思维敏捷 2. 心态积极、乐观
	职业素养	1. 吃苦耐劳、认真踏实、工作严谨,有较强的责任心 2. 具有较强的文字表达能力,言简意赅,行文流畅 3. 有全局观念,具有良好的服务意识和团队合作精神

4.1.5 调度主管胜任标准

职位基本信息

职位名称:调度主管	职位编号:
所属部门:	直接上级:

胜任项	胜任子项	具体要求
学历	学习形式	☑全日制　□函授　□自考　□夜大
	学历层次	□博士　□硕士　□本科　☑专科　□高职高专　□中专
知识	专业知识	生产运营与管理、企业管理等相关专业毕业
	业务知识	1. 熟悉生产流程管理、采购与供应管理知识 2. 掌握生产计划与调度知识
	基础知识	1. 熟悉与计划调度相关的法律法规 2. 熟悉调度管理模式、流程和信息系统的管理
经验	工作经验	3年以上相关岗位工作经验
	培训经历	不限
能力	基础能力	熟练使用Internet和Word、Excel等计算机办公软件
	通用能力	1. 优秀的沟通、协调、执行能力 2. 良好的逻辑分析能力、问题分析与解决能力 3. 较强的计划管理能力
	管理能力	1. 较强的团队建设能力 2. 良好的授权控制能力

续表

胜任项	胜任子项	具体要求
技能	上岗技能	根据行业不同,要求具有相关调度员中级以上职称
	业务技能	1. 具有较强的生产调度能力,能够合理配置资源 2. 在计划调度之前能清醒认识可能发生的情况,并做好应对方案
素养	自身素养	1. 吃苦耐劳,认真踏实 2. 心态积极,乐观开朗 3. 思维严谨
	职业素养	1. 工作态度积极,敬业爱岗,有责任心 2. 工作严谨,有纪律性 3. 有成本意识,能够通过合理配置资源,提高计划执行效果 4. 有全局观念,能从工作全局出发,调度人力、物力资源

4.1.6 生产班长胜任标准

职位基本信息	
职位名称:生产班长 所属部门:	职位编号: 直接上级:

胜任项	胜任子项	具体要求
学历	学习形式	☑全日制　□函授　□自考　□夜大
	学历层次	□博士　□硕士　□本科　□专科　☑高职高专　□中专
知识	专业知识	生产管理、机械制造等相关专业毕业
	业务知识	1. 熟悉工艺设备管理知识 2. 掌握生产现场管理知识、安全生产管理知识
	基础知识	1. 熟悉生产作业相关法律法规,熟悉公司制度 2. 掌握安全生产作业规范,熟悉新员工培训流程
经验	工作经验	3年以上生产线管理工作经验
	培训经历	培训经历不限
能力	基础能力	1. 能够熟练操作计算机,精通 Word、Excel 等办公软件的使用方法 2. 有英语读写能力者优先
	通用能力	1. 良好的计划管理能力、应变能力、问题发现与解决能力、协调能力 2. 较强的安全管理能力和安全操作能力
	管理能力	良好的团队协调能力、较强的执行能力

续表

胜任项	胜任子项	具体要求
技能	上岗技能	根据行业不同，要求具有与生产相关的初级以上技术职称
	业务技能	1. 熟悉各种设备的使用及简单维护 2. 能够帮助车间新员工完成工作，保证生产计划实现
素养	自身素养	积极主动，有团队意识
	职业素养	1. 数字观念强，有耐心、责任心 2. 工作积极主动，能够吃苦耐劳，有敬业精神

4.1.7 质量主管胜任标准

职位基本信息	
职位名称：质量主管 所属部门：	职位编号： 直接上级：

胜任项	胜任子项	具体要求
学历	学习形式	☑全日制　□函授　□自考　□夜大
	学历层次	□博士　□硕士　□本科　☑专科　□高职高专　□中专
知识	专业知识	质量管理、产品质量检验专业毕业
	业务知识	1. 了解质量管理体系，熟悉质量检验流程 2. 掌握质量控制程序以及质量管理信息的分析应用知识
	基础知识	1. 熟悉企业质量管理制度、质量管理计划 2. 掌握产品知识、质量管理相关基础知识
经验	工作经验	3年以上相关工作经验
	培训经历	有相关技术的培训经历，优秀者可适当放宽
能力	基础能力	1. 能够熟练操作计算机，会使用Word、Excel等办公软件 2. 掌握数据分析及相关统计分析技术
	通用能力	1. 关注细节，具有较强的逻辑分析能力 2. 能够及时分析问题并合理解决问题 3. 良好的信息收集与处理能力 4. 优秀的产品质量管理能力
	管理能力	1. 优秀的目标控制能力，能够对目标进行分解并制订详细的实现计划 2. 较强的督导能力，督促下属工作 3. 良好的教练能力，能帮助员工学习操作方法和技巧

续表

胜任项	胜任子项	具体要求
技能	上岗技能	根据行业不同,持有质量专业技术人员职业资格证书
	业务技能	1. 能够制定合理的质量管理目标,并对目标实现过程进行控制,推动目标实现 2. 良好的质量控制能力,能对生产全过程实施有效的质量监控,确保产品品质
素养	自身素养	具有全局观念,能够自觉、主动积极地对企业质量进行督导检验
	职业素养	1. 能够对企业质量进行严格监督,具有客户意识 2. 忠诚于企业,有强烈的企业荣誉感 3. 有自信,心态良好

4.1.8 检验主管胜任标准

职位基本信息	
职位名称:检验主管 所属部门:	职位编号: 直接上级:

胜任项	胜任子项	具体要求
学历	学习形式	☑全日制　□函授　□自考　□夜大
	学历层次	□博士　□硕士　□本科　☑专科　□高职高专　□中专
知识	专业知识	质量管理、产品质量检验专业毕业
	业务知识	1. 了解质量管理体系 2. 熟悉质量检验流程及进料、制程和成品的检验管理工作
	基础知识	1. 熟悉企业产品检验各项规章制度 2. 掌握产品知识、质量检验相关基础知识
经验	工作经验	3年以上相关工作经验
	培训经历	有相关技术的培训经历,优秀者可适当放宽
能力	基础能力	1. 能够熟练操作计算机,会使用 Word、Excel、Photoshop 等办公软件 2. 掌握抽样检验等检验方法
	通用能力	1. 较强的关注细节能力、问题分析与解决能力 2. 良好的信息收集与处理能力,及时收集所需信息并思考处理方案 3. 优秀的归纳思维能力,对工作中的问题进行归纳总结,避免重复错误
	管理能力	1. 良好的目标管理能力和激励能力 2. 优秀的督导能力和教练能力

续表

胜任项	胜任子项	具体要求
技能	上岗技能	根据行业不同,持有相关行业的质量检验员资格证书
	业务技能	1. 精通现行的质量标准,具备很强的质量管理能力 2. 较强的质量问题处理能力,能够判断问题产生的根源
素养	自身素养	具有严谨的态度,能够认真、负责地对企业产品质量进行督导检验
	职业素养	1. 能够对企业质量进行严格监督,具有客户意识 2. 忠诚于企业,有强烈的企业荣誉感

4.2 生产质量类岗位工作标准体系设计

4.2.1 生产经理工作标准

工作事项	工作依据与规范	工作成果或目标
1. 生产运营	◆ 上一年度历史生产数据、生产计划统计报告、质量统计报表、安全事故记录、产能利用率统计报告、各类设备的运行记录	1) 及时编制年度生产计划,生产部创造总价值为___万元 2) 年度生产计划达成率为100% 3) 产品抽样合格率达到___% 4) 重大安全事故发生次数控制为0次,一般性安全事故控制在___次以内 5) 产能利用率达到___%以上
2. 成本管理	◆ 上一年度财务历史数据、生产成本统计表、本年度生产成本计划、财务状况变动表、成本控制制度等	1) 及时编制成本控制计划 2) 年度生产成本节约率为___%以上
3. 部门管理	◆ 上一年度的培训数据、培训计划完成率以及员工满意度评价表	1) 及时编制年度培训计划 2) 年度培训计划达成率为___% 3) 员工对部门和企业的满意度评价平均分达到___分以上

4.2.2 质量经理工作标准

工作事项	工作依据与规范	工作成果或目标
1. 部门工作计划	◆ 上一年度质量数据，本年度质量计划目标、质量计划编制规范	1）部门工作计划编制周详、有开创性 2）年度质量计划达成率为___%
2. 质量改进	◆ 上一年度质量改进数据，本年度质量改进方案、质量改进目标	1）及时编制质量改进方案 2）年度质量改进目标达成率为___%
3. 质量控制	◆ 上一年度质量控制数据、质量检查数据、质量事故分析报告，本年度质量控制计划	1）下车间巡检___次/天以上 2）质量事故及时处理率达到___%以上
4. 质量投诉处理	◆ 上一年度质量投诉分析报告，本年度质量投诉控制计划、质量投诉处理规范	1）质量投诉处理及时率达到100% 2）年度质量投诉控制计划达成率为___%
5. 质量培训	◆ 上一年度质量培训报告、培训数据，本年度质量培训计划、质量培训规范	1）及时编制质量培训计划 2）年度质量培训计划达成率为___%

4.2.3 计划主管工作标准

工作事项	工作依据与规范	工作成果或目标
1. 生产计划编制	◆ 上一年的历史数据，本年度生产计划编制规范、生产计划完成情况分析报告、生产目标	1）及时编制年度生产计划 2）年度生产计划达成率为100%
2. 生产订单处理	◆ 上一年的生产订单数据，本年度生产订单处理规定、订单登记安排规范、生产排程原则	1）年度生产订单处理计划及时率为___% 2）生产排程准确率为___%以上
3. 产能负荷分析	◆ 生产部产能负荷分析结果、生产计划、生产产能统计报表	1）及时进行产能负荷分析 2）产能负荷分析准确率为___%

续表

工作事项	工作依据与规范	工作成果或目标
4. 提高全员劳动生产率	◆ 上一年度历史劳动生产率数据，本年度延时规定、加班计划规定、生产目标	1）劳动生产率达到____% 2）加班工时控制在____小时以内 3）未完成产品品质延时控制在____小时以内
5. 生产计划档案	◆ 上一年度历史生产计划档案情况，本年度生产计划档案编写与保管规定	1）考核期内未按时出具统计报表的次数为0 2）年度生产计划档案缺失率为____%
6. 下属人员管理	◆ 上一年度历史培训数据，本年度培训计划、下属人员满意度评价表、下属人员执行规范	1）及时编制年度培训计划 2）员工投诉次数为0 3）年度培训计划达成率为____%

4.2.4 车间主任工作标准

工作事项	工作依据与规范	工作成果或目标
1. 按时完成车间生产任务	◆ 上一年度车间任务完成数据，本年度车间生产任务完成计划、车间生产任务完成标准、车间生产任务完成目标、车间生产作业标准	1）及时编制车间生产任务完成计划 2）车间生产任务完成率达到____% 3）交期达成率达到____%
2. 降低生产成本，提高产品质量	◆ 生产成本控制管理规定、生产成本预算报表、质量管理工作计划表	1）车间生产成本节省率≥0 2）车间产品废品率低于____% 3）返工率低于____%
3. 安全生产工作	◆ 上一年度安全事故报告书，本年度安全生产管理制度、安全生产考核规定、安全计划表、安全检查报告书	1）及时编制安全生产作业的规范 2）车间安全事故损失控制在____元以下
4. 车间设备管理	◆ 企业固定资产管理制度、设备选择使用管理规定、设备维护管理办法、设备大修管理办法	1）车间设备利用率达到____% 2）车间设备完好率达到____%
5. 车间员工管理	◆ 上一年度历史培训数据，本年度车间培训计划、部门协作满意度评价表、车间员工培训规范	1）车间员工培训计划完成率达到100% 2）车间员工满意度评价平均分达到____分

4.2.5　调度主管工作标准

工作事项	工作依据与规范	工作成果或目标
1. 生产调度	◆ 上一年度历史生产调度数据，本年度生产进度计划、企业生产经营制度、生产排程规范	1）生产计划排程达成率达到100% 2）生产设备利用率达到____%以上 3）交期达成率达到____%以上
2. 生产监督	◆ 企业生产经营管理制度、企业生产进度计划、生产作业规范	1）生产计划执行力达到100% 2）突发事件处理及时率达到100%
3. 召开调度会议	◆ 上一年度调度会议记录，本年度调度会议召开计划、企业会议管理办法	1）生产调度会议每月召开____次 2）生产调度会议召开及时率达到100%
4. 下属员工管理	◆ 上一年度培训计划、培训完成率，本年度培训计划、培训目标、企业员工培训管理办法、员工满意度评价表	1）及时编制调度员工培训计划 2）下属员工考核平均分达____分以上 3）员工满意度评价平均分达到____分以上

4.2.6　生产班长工作标准

工作事项	工作依据与规范	工作成果或目标
1. 完成生产计划	◆ 上一年的历史生产计划完成数据，本年度生产计划、班组生产任务、产值统计表、生产作业规范	1）及时编制生产班组任务完成计划 2）生产计划完成率达到____%
2. 监督产品生产过程	◆ 产品质量标准管理规定、月度产品质量检查表、生产作业规范	1）产品交验合格率达到____% 2）产品返工率保持在____%以下
3. 安全生产	◆ 安全生产操作规范、生产作业规范、生产违规操作处理办法、设备使用与维修保养规定、安全事故处理办法	1）生产设备故障率保持在____%以下 2）生产安全事故发生次数为0 3）班组生产操作违规次数为0

4.2.7 质量主管工作标准

工作事项	工作依据与规范	工作成果或目标
1. 完成质量计划	◆ 上一年度历史质量计划完成数据，本年度质量计划完成目标、质量计划完成要求	1) 及时编制年度质量计划 2) 年度质量计划达成率为100%
2. 质量控制	◆ 上一年度质量控制方案、质量数据、质量活动方案、企业质量活动开展规范	1) 质量控制方案编制及时率为＿＿% 2) 质量控制方案编制得可行有效
3. 质量成本控制	◆ 上一年度质量成本费用报表、成本控制历史数据，本年度成本控制计划、成本控制目标	1) 及时编制成本计划 2) 年度质量成本计划达成率为＿＿%
4. 处理质量事故	◆ 上一年度历史质量事故数据，本年度质量事故控制计划、质量事故处理规范、质量事故控制目标	1) 年度质量事故控制目标和计划达成率为＿＿% 2) 质量事故及时处理率达到100%
5. 质量改进	◆ 上一年度历史质量改进数据，本年度质量改进目标、质量改进计划以及质量改进规范	1) 及时编制质量改进计划 2) 年度质量改进目标达成率为100%

4.2.8 检验主管工作标准

工作事项	工作依据与规范	工作成果或目标
1. 检查完成情况	◆ 上一年度历史检查数据、检查结果分析报告，本年度检验工作标准及规范、检验仪器使用及维护管理办法	1) 漏检错检率控制在＿＿%以下 2) 制程检验合格率为100% 3) 再用质检仪器送检及时率为100%
2. 质量问题解决	◆ 上一年度质量数据、产品退货分析报告、质量投诉分析报告、质量问题解决规范	1) 及时编制年度质量问题解决方案和计划 2) 年度质量问题解决计划达成率为＿＿%

续表

3. 费用控制	◆ 上一年度历史检验成本数据，本年度费用控制计划、检验成本费用报表		1) 及时编制费用控制计划 2) 年度检验费用控制计划达成率为____%
4. 检验资料管理	◆ 检验报告编写规范、检验资料保存管理办法		1) 相关检验资料归档及时，资料完整、无丢失 2) 检验报告编写清晰、规范

4.3 生产质量类岗位结果标准体系设计

4.3.1 生产经理结果标准

职位名称：生产经理　　　　　　　　　　　　　评估时间：　年　月　日

结果项目	评估指标	权重	评估标准
财务控制	生产总产值	10%	1. 考核期内生产部门创造的总价值 2. 目标值____万元，每降低____万元，减____分
	生产成本下降率	10%	1. 生产成本下降率 = $\frac{上期生产成本 - 本期生产成本}{上期生产成本} \times 100\%$ 2. 目标值____%，每降低____%，减____分
生产运营	产量计划完成率	15%	1. 产量计划完成率 = $\frac{实际完成的产量}{计划完成的产量} \times 100\%$ 2. 目标值____%，每降低____%，减____分
	劳动生产效率	5%	1. 劳动生产率 = $\frac{产出数量 \times 标准工时}{日工作小时 \times 直接人工数量 - 损失工时} \times 100\%$ 2. 目标值____%，每降低____%，减____分
	出厂产品抽样合格率	10%	1. 出厂产品抽样合格率 = $\frac{抽样产品合格数}{抽样产品总数} \times 100\%$ 2. 目标值____%，每降低____%，减____分
	生产交期达成率	10%	1. 生产交期达成率 = $\frac{交货期无误次数}{交货总次数} \times 100\%$ 2. 目标值____%，每降低____%，减____分
	安全事故发生次数	10%	1. 考核期内生产过程发生安全事故的次数 2. 目标值0次，每发生____次，减____分
	设备完好率	10%	1. 设备完好率 = $\frac{完好生产设备的数量}{生产设备的总数量} \times 100\%$ 2. 目标值____%，每降低____%，减____分

续表

结果项目	评估指标	权重	评估标准
客户管理	产品质量有效投诉率	10%	1. 产品质量有效投诉率＝$\dfrac{客户有关产品质量的有效投诉数}{客户有关产品质量的投诉数}\times100\%$ 2. 目标值＿＿％以下，每高出＿＿％，减＿＿分
部门管理	培训计划完成率	5%	1. 培训计划完成率＝$\dfrac{实际完成的培训次数}{计划完成的培训次数}\times100\%$ 2. 目标值＿＿％以上，每降低＿＿％，减＿＿分
部门管理	核心员工流失率	5%	1. 核心员工流失率＝$\dfrac{核心员工流失次数}{核心员工总数}\times100\%$ 2. 目标值＿＿％以下，每高出＿＿％，减＿＿分

4.3.2 质量经理结果标准

职位名称：质量经理	评估时间：　年　月　日

结果项目	评估指标	权重	评估标准
质量计划管理	质量计划按时完成率	15%	1. 质量计划按时完成率＝$\dfrac{实际完成的质量工作项数}{计划的质量工作项数}\times100\%$ 2. 目标值＿＿％以上，每降低＿＿％，减＿＿分
质量控制	出厂产品质量合格率	10%	1. 出厂产品质量合格率＝$\dfrac{合格产品数量}{生产产品总数量}\times100\%$ 2. 目标值＿＿％以上，每降低＿＿％，减＿＿分
质量控制	质量事故发生次数	15%	1. 考核期内质量事故发生次数是否控制在企业规定的范围内 2. 目标值0次，每发生＿＿次，减＿＿分
质量控制	质量事故及时处理率	10%	1. 质量事故及时处理率＝$\dfrac{及时处理的质量事故次数}{质量事故发生的总次数}\times100\%$ 2. 目标值100%，每降低＿＿％，减＿＿分
质量改进	质量改进方案提交数	10%	1. 考核期内提交的有效质量改进方案数 2. 目标值＿＿个以上，每少＿＿个，减＿＿分
质量改进	质量改进目标达成率	10%	1. 质量改进目标达成率＝$\dfrac{质量改进目标实际完成数}{质量改进目标计划数}\times100\%$ 2. 目标值＿＿％以上，每降低＿＿％，减＿＿分
质量投诉处理	质量投诉处理及时率	10%	1. 质量投诉处理及时率＝$\dfrac{及时处理质量投诉的次数}{发生质量投诉的总次数}\times100\%$ 2. 目标值＿＿％以上，每降低＿＿％，减＿＿分

续表

结果项目	评估指标	权重	评估标准
费用控制	部门费用预算达成率	10%	1. 部门费用预算达成率=$\frac{部门实际费用总数}{部门费用预算数}\times100\%$ 2. 目标值为100%，当预算达成率在[100%－___%，100%＋___%]范围内，得分范围在[80，100]，每降低___%加___分 3. 当预算达成率在上述范围之外时，得0分
质量培训	质量培训计划完成率	10%	1. 质量培训计划完成率=$\frac{质量培训实际完成课时（次数）}{质量培训计划完成课时（次数）}\times100\%$ 2. 目标值___%以上，每降低___%，减___分

4.3.3 计划主管结果标准

职位名称：计划主管	评估时间： 年 月 日

结果项目	评估指标	权重	评估标准
生产计划编制	生产计划编制任务按时完成率	30%	1. 生产计划编制按时完成率=$\frac{按时完成的生产计划份数}{完成的生产计划总份数}\times100\%$ 2. 目标值___%，每降低___%，减___分
订单处理	生产订单处理及时率	15%	1. 生产订单处理及时率=$\frac{及时处理生产订单的数量}{处理生产订单的总数量}\times100\%$ 2. 目标值100%，每降低___%，减___分
生产排程	生产排程准确率	15%	1. 生产排程准确率=$\frac{生产排程无误次数}{排程总次数}\times100\%$ 2. 目标值___%，每降低___%，减___分
产能负荷分析	产能负荷分析误差率	10%	1. 产能负荷分析误差率=$\frac{产能负荷分析有误次数}{产能负荷分析总次数}\times100\%$ 2. 目标值___%，每高出___%，减___分
生产计划执行报告	生产计划执行报告提交及时率	10%	1. 报告提交及时率=$\frac{及时提交生产计划执行报告的份数}{提交生产计划执行报告的总份数}\times100\%$ 2. 目标值100%，每降低___%，减___分
生产计划档案	生产计划档案缺失率	10%	1. 生产计划档案缺失率=$\frac{不完整生产计划档案的份数}{生产计划档案的总份数}\times100\%$ 2. 目标值___%，每高出___%，减___分
下属人员管理	培训计划完成率	10%	1. 培训计划完成率=$\frac{实际完成的培训项目数}{计划完成的培训项目数}\times100\%$ 2. 目标值___%，每降低___%，减___分

4.3.4　车间主任结果标准

职位名称：车间主任			评估时间：　　年　月　日

结果项目	评估指标	权重	评估标准
车间生产任务	车间生产任务完成率	20%	1. 车间生产任务完成率 = $\dfrac{\text{车间实际生产产品的产量}}{\text{车间计划生产产品的产量}} \times 100\%$ 2. 目标值100%，每降低____%，减____分
车间生产成本	生产成本下降率	15%	1. 生产成本下降率 = $\dfrac{\text{车间计划成本} - \text{实际发生的成本}}{\text{所管辖车间计划生产成本}} \times 100\%$ 2. 目标值____%以上，每少____%减____分
车间产品质量	废品率	15%	1. 废品率 = $\dfrac{\text{车间产生的废品数}}{\text{不合格品数} + \text{合格品数} + \text{废品数}} \times 100\%$ 2. 目标值____%以下，每高____%，减____分
车间产品质量	返工率	10%	1. 返工率 = $\dfrac{\text{返工（返修）产品的总数量}}{\text{总的生产数量}} \times 100\%$ 2. 目标值____%以下，每高____%，减____分
车间产品质量	因质量问题投诉次数	10%	1. 客户因车间生产产品质量原因而导致的有效投诉次数 2. 目标值____次以内，每多____次，减____分
车间安全管理	安全事故损失额	10%	1. 所管辖车间出现安全事故造成的损失额度 2. 目标值____元，每超出____元，减____分
车间设备管理	车间设备故障时间	10%	1. 所管辖车间出现累计停产时间 2. 目标值____小时，每多____小时，减____分
车间员工管理	车间员工技术考核合格率	10%	1. 员工技术考核合格率 = $\dfrac{\text{通过技术考核的员工数}}{\text{参加技术考核的员工数}} \times 100\%$ 2. 目标值____%以上，每降低____%，减____分

4.3.5　调度主管结果标准

职位名称：调度主管			评估时间：　　年　月　日

结果项目	评估指标	权重	评估标准
生产计划调度	生产排程达成率	15%	1. 生产排程达成率 = $\dfrac{\text{实际完成的排程数量}}{\text{计划完成的排程数量}} \times 100\%$ 2. 目标值100%，每降低____%，减____分
补货订单处理	补货订单按时完成率	15%	1. 补货订单按时完成率 = $\dfrac{\text{补货订单按时完成次数}}{\text{补货订单总次数}} \times 100\%$ 2. 目标值100%，每降低____%，减____分

续表

结果项目	评估指标	权重	评估标准
交货情况	交期达成率	10%	1. 交期达成率=$\dfrac{交货期无误次数}{交货总次数}\times 100\%$ 2. 目标值100%，每降低___%，减___分
生产调度	生产调度会议及时召开情况	10%	1. 调度会议及时召开率=$\dfrac{及时召开生产调度会议的次数}{召开生产调度会议的总次数}\times 100\%$ 2. 目标值___%，每降低___%，减___分
生产调度	多品种生产均衡率	10%	1. 多品种生产均衡率 $=\dfrac{\sum\left(\dfrac{各种产品每日实际完成数}{该产品每日计划完成数}\right)}{\sum 各种产品的生产日数}\times 100\%$ 2. 多品种生产均衡率达100%，每比目标值少___个百分点，本项考核得分扣___分；低于___%时，本项考核得0分
生产能源供应	能源及时供应情况	15%	1. 供应不及时造成生产停滞的次数为0 2. 目标值控制为0，每停滞___次，减___分
生产能源供应	停工待料损失	10%	1. 因调度不当导致生产线待料造成的人工损失、残次品损失等 2. 停工待料损失不超过___万元，每超过___元扣___分；当损失超过___万元时，此项考核得0分
生产产能	产能利用率	15%	1. 产能利用率=$\dfrac{有效利用的产能}{总产能}\times 100\%$ 2. 目标值___%，每降低___%，减___分

4.3.6 生产班长结果标准

职位名称：生产班长	评估时间： 年 月 日

结果项目	评估指标	权重	评估标准
生产计划完成	生产计划完成率	20%	1. 生产计划完成率=$\dfrac{实际生产量}{计划生产量}\times 100\%$ 2. 目标值___%，每降低___%，减___分
生产计划完成	产品产量	10%	1. 产品产量是否达到生产计划规定的标准 2. 目标值___（件/吨），每少___（件/吨）减___分
生产计划完成	补货订单达成率	10%	1. 补货订单达成率=$\dfrac{补货订单按时量执行次数}{总补货订单数}\times 100\%$ 2. 目标值___%，每降低___%，减___分
生产计划完成	产值达成率	10%	1. 产值达成率=$\dfrac{实际产值}{计划产值}\times 100\%$ 2. 目标值___%，每降低___%，减___分

续表

结果项目	评估指标	权重	评估标准
作业质量管理	产品质量合格率	20%	1. 产品质量合格率=$\frac{合格产品数量}{总产品数量}\times100\%$ 2. 目标值____%，每降低____%，减____分
作业质量管理	返工率	10%	1. 返工率=$\frac{返工（返修）产品的总数量}{总的生产数量}\times100\%$ 2. 目标值____%以下，每高____%，减____分
生产设备维护	生产设备完好率	10%	1. 生产设备完好率=$\frac{期内设备完好台数}{同期设备总数}\times100\%$ 2. 目标值____%，每降低____%，减____分
生产安全管理	生产安全事故次数	10%	1. 考核期内生产事故发生次数合计 2. 目标值0次，每发生____次，减____分

4.3.7 质量主管结果标准

职位名称：质量主管			评估时间：　　年　月　日

结果项目	评估指标	权重	评估标准
质量成本	质量成本控制率	20%	1. 质量成本控制率=$\left(1-\frac{本年度质量成本发生额}{上一年度质量成本发生额}\right)\times100\%$ 2. 目标值____%以上，每降低____%，减____分
质量控制报表	质量控制报表准确率	20%	1. 质量控制报表准确率=$\frac{质量控制报表填写无误的份数}{质量控制报表总份数}\times100\%$ 2. 目标值100%，每降低____%，减____分
质量事故	质量事故发生次数	20%	1. 考核期内质量事故发生次数是否控制在企业规定的范围内 2. 目标值0次，每发生____次，减____分
质量事故	质量事故及时处理率	20%	1. 质量事故及时处理率=$\frac{及时处理的质量事故次数}{质量事故发生的总次数}\times100\%$ 2. 目标值100%，每降低____%，减____分
质量改进	质量改进目标达成率	20%	1. 质量改进目标达成率=$\frac{质量改进目标实际完成数}{质量改进目标计划数}\times100\%$ 2. 目标值____%以上，每降低____%，减____分

4.3.8　检验主管结果标准

职位名称：检验主管			评估时间：　　年　月　日

结果项目	评估指标	权重	评估标准
检查完成情况	检查完成及时率	10%	1. 检验完成及时率 = $\dfrac{规定期限内完成检验的次数}{检验的总次数} \times 100\%$ 2. 目标值 100%，每降低＿＿%，减＿＿分
检查完成情况	检验任务完成率	10%	1. 检验任务完成率 = $\dfrac{实际检验产品数}{应检验产品总数} \times 100\%$ 2. 目标值＿＿%以下，每高出＿＿%，减＿＿分
来料检验	来料检验出错次数	15%	1. 考核期限内来料检验出错的累计次数 2. 目标值 0，每出错＿＿次，减＿＿分
来料检验	原辅材料现场使用合格率	10%	1. 原辅材料使用合格率 $= \left(1 - \dfrac{发现不合格原辅材料数量}{现场用的原辅材料总数量}\right) \times 100\%$ 2. 目标值＿＿%以上，每降低＿＿%，减＿＿分
制程检验	制程错检漏检次数	15%	1. 考核期内制程错检漏检次数 2. 目标值 0，没错检或漏检＿＿次，减＿＿分
制程检验	在用检验仪器受检率	10%	1. 在用检验仪器受检率 = $\dfrac{检验仪器实际受检数}{应受检的检验仪器总数} \times 100\%$ 2. 目标值 100%，每低＿＿%，减＿＿分
成品检验	产品质量原因退货率	10%	1. 产品质量原因退货率 = $\dfrac{质量原因产品退货数量}{交付的产品总数量} \times 100\%$ 2. 目标值＿＿%以下，每高出＿＿%，减＿＿分
成品检验	产品质量投诉率	10%	1. 产品质量投诉率 = $\dfrac{客户投诉次数}{产品出货总数量} \times 100\%$ 2. 目标值＿＿%以下，每超出＿＿%，减＿＿分
成品检验	漏检错检率	10%	1. 漏检错检率 = $\dfrac{检验合格数中实际不合格数}{检验总数中实际存在的不合格数} \times 100\%$ 2. 目标值＿＿%以下，每高出＿＿%，减＿＿分

第 5 章

技术研发类岗位任职资格标准体系

5.1 技术研发类岗位胜任标准体系设计

5.1.1 生产技术经理胜任标准

职位基本信息	
职位名称：生产技术经理 所属部门：	职位编号： 直接上级：

胜任项	胜任子项	具体要求
学历	学习形式	☑全日制　□函授　□自考　□夜大
	学历层次	□博士　□硕士　☑本科　□专科　□高职高专　□中专
知识	专业知识	机械、电气、电子等与本行业相关的专业
	业务知识	1. 了解行业的发展趋势 2. 了解产品工艺现状及新工艺、新技术 3. 掌握工装设备的设计与管理的相关知识
	基础知识	精通国家对相关产品的法律法规和行业标准，掌握相关产品的技术标准
经验	工作经验	10年以上本行业工作经验，3年以上技术管理岗位工作经验
	培训经历	参加过生产管理类的相关培训
能力	基础能力	熟练使用办公自动化软件，具备基本的网络知识
	通用能力	1. 具备良好的问题分析与解决能力及创新能力、应变能力 2. 具备很强的沟通能力、组织协调能力、团队协作能力、逻辑分析能力
	管理能力	具备良好的战略管理能力、决策能力、目标管理能力、团队建设能力、激励能力
技能	上岗技能	持有同行业相关资格证书
	业务技能	具有较强的技术指导能力，能够做好生产技术管理工作
素养	自身素养	对工作有自信心、处事果断、时间观念强、办事有序不乱、工作讲究效率
	职业素养	品德修养好、能克己奉公，工作不徇私情、不贪私利，善于听取下属的意见

5.1.2 产品研发经理胜任标准

职位基本信息	
职位名称：产品研发经理 所属部门：	职位编号： 直接上级：

胜任项	胜任子项	具体要求
学历	学习形式	☑全日制　□函授　□自考　□夜大
	学历层次	□博士　□硕士　☑本科　□专科　□高职高专　□中专
知识	专业知识	工业设计、电气工程等行业相关专业知识
	业务知识	企业新产品研发程序及产品的技术标准
	基础知识	精通国家对相关产品的法律法规和行业标准
经验	工作经验	10年以上相关专业工作经验，5年以上研发项目管理经验
	培训经历	参加过企业远景、企业发展战略规划、产品研发项目管理培训经历
能力	基础能力	1. 能熟练运用中英文阅读、撰写技术文档 2. 熟练使用 AutoCAD、Photoshop 等软件
	通用能力	1. 具有良好的问题分析与解决能力及逻辑分析能力，能够及时解决产品研发过程中的技术难题 2. 具有很强的计划管理能力、组织协调能力、团队协作能力，能够带领团队达成工作目标
	管理能力	具有良好的战略管理能力、决策能力、目标管理能力、团队建设能力、激励能力、授权控制能力、督导能力
技能	上岗技能	具有项目管理师职业资格
	业务技能	具有技术指导能力，能够指导员工，顺利进行产品研发
素养	自身素养	责任心强，能承受碎琐事务带来的工作压力
	职业素养	认同企业文化，具有较高的忠诚度、自律性、敬业精神

5.1.3 软件开发经理胜任标准

职位基本信息	
职位名称：软件开发经理 所属部门：	职位编号： 直接上级：

胜任项	胜任子项	具体要求
学历	学习形式	☑全日制 □函授 □自考 □夜大
	学历层次	□博士 □硕士 ☑本科 □专科 □高职高专 □中专
知识	专业知识	计算机相关专业
	业务知识	1. 熟悉代码编写与测试知识 2. 精通 Java、Perl、Unix、Linux 等软件应用程序 3. 深刻理解面向对象的设计和编程
	基础知识	1. 精通国家对相关产品的法律法规和行业标准 2. 熟悉软件开发流程、设计模式、体系结构
经验	工作经验	5年以上软件开发相关工作经验，2年以上开发团队领导经验
	培训经历	参加过计算机体系结构、软件工程、数据库、数据结构、编译原理等相关知识的培训
能力	基础能力	掌握办公软件及操作系统，熟悉 Java、NET、VC、C++等常用研发软件
	通用能力	具有良好的沟通能力、组织协调能力、系统思考能力、逻辑思维能力
	管理能力	具有很强的战略管理能力、决策能力、团队建设能力
技能	上岗技能	具有软件开发工程师资格
	业务技能	具有优秀的软件系统开发与设计能力、技术需求转化能力，能将客户的需求转换成产品
素养	自身素养	工作认真细致，踏实肯干，能够承受一定的工作压力
	职业素养	客观公正、作风严谨，具有很高的企业忠诚度

5.1.4 工程技术经理胜任标准

职位基本信息	
职位名称：工程技术经理 所属部门：	职位编号： 直接上级：

胜任项	胜任子项	具体要求
学历	学习形式	☑全日制 □函授 □自考 □夜大
	学历层次	□博士 □硕士 ☑本科 □专科 □高职高专 □中专

续表

胜任项	胜任子项	具体要求
知识	专业知识	具备建筑、桥梁、机电、自动化、工程或管理类专业知识
	业务知识	1. 熟悉工程管理方法及工具 2. 具备工程检验知识 3. 具备招投标知识
	基础知识	熟悉工程项目管理的程序、相关政策和法律法规
经验	工作经验	5年以上工程类项目管理工作经验
	培训经历	参加过工程检验、工程项目管理的相关培训
能力	基础能力	具备基本的计算机操作能力，熟练操作办公软件，具备良好的书面表达能力
	通用能力	具备良好的人际交往能力、沟通能力、组织协调能力、问题分析与解决能力、应变能力、系统思考能力、计划管理能力
	管理能力	具有很强的决策能力、目标管理能力、团队建设能力、激励能力、授权控制能力
技能	上岗技能	具有一级注册建筑师及同等资格证书
	业务技能	具备很强的项目管理能力，能够确保工程项目的顺利实施
素养	自身素养	具有极强的敬业精神和责任心
	职业素养	客观公正、作风严谨，具有很高的企业忠诚度，认同公司的企业文化

5.1.5 网络技术经理胜任标准

职位基本信息	
职位名称：网络技术经理 所属部门：	职位编号： 直接上级：

胜任项	胜任子项	具体要求
学历	学习形式	☑全日制　□函授　□自考　□夜大
	学历层次	□博士　□硕士　☑本科　□专科　□高职高专　□中专
知识	专业知识	计算机、网络管理等相关专业
	业务知识	1. 精通网站维护知识、网站专题建设知识 2. 掌握 Photoshop、Dream weaver 等网站工具及 html 基础网络语言 3. 了解企业产品相关知识、资源合作知识
	基础知识	熟悉国家的相关法律法规及相关规章制度

续表

胜任项	胜任子项	具体要求
经验	工作经验	3年以上网络管理相关经验
	培训经历	参加主题策划及网页建设技能、网页工具软件使用技能等培训
能力	基础能力	精通办公软件操作技能、办公设备操作技能
	通用能力	具有良好的计划管理能力、系统思考能力、问题分析与解决能力、信息管理能力组织协调能力、人际交往能力、沟通能力、组织协调能力、团队协作能力
	管理能力	具有良好的战略管理能力、决策能力、目标管理能力、团队建设能力、激励能力
技能	上岗技能	具有计算机网络管理员资格
	业务技能	具有技术需求转化能力，能将相关人员对网站的需求进行实现
素养	自身素养	具有强烈的责任心、敬业精神
	职业素养	具有很强的团队意识、诚实正直及强烈的进取心

5.2 技术研发类岗位工作标准体系设计

5.2.1 生产技术经理工作标准

工作事项	工作依据与规范	工作成果或目标
1. 编写技术方案	◆ 企业发展战略、新产品的生产计划、企业生产技术评估报告、技术方案的编写规范	1) 技术方案提交及时率达到____% 2) 技术方案采用率达到____%
2. 技术支持	◆ 产品质量标准、生产技术问题处理流程、图纸审查管理办法、技术图纸质量评定方案、技术文件管理办法	1) 技术问题处理及时率达____% 2) 技术图纸出图错误次数低于____次
3. 工艺技术开发	◆ 企业工艺技术资料，国内工艺水平及发展趋势的分析报告，工艺技术开发方案、工艺标准、工艺改进管理办法	1) 标准工时降低率达____% 2) 材料消耗降低率达____%
4. 工艺技术改进	◆ 技术改进需求分析、企业生产技术综合评估报告、工艺技术改进计划、生产技术改进管理办法、生产技术改进费用控制流程	1) 技术改进项目完成率达到____% 2) 技术改进费用控制率达到____%
5. 员工管理	◆ 企业人才需求计划、员工劳动合同、员工招聘培训计划、员工绩效考核管理办法、员工职业规划	1) 外部学术交流次数达____次 2) 内部技术培训次数达____次 3) 员工绩效考核平均得分在____分以上

5.2.2 产品研发经理工作标准

工作事项	工作依据与规范	工作成果或目标
1. 产品研发计划	◆ 企业经营发展战略、产品规划、国内外市场分析数据、新产品研发计划管理制度	1）新产品开发数不少于____项 2）产品改良计划完成率达____%
2. 研发质量管理	◆ 新产品研发管理制度、新产品试制管理制度、新产品移交投产管理规定、产品质量验收标准、产品质量标准、产品研发质量管控流程	保证产品投入市场性能稳定
3. 研发进度管理	◆ 新产品研发计划、产品研发进度控制办法、产品研发实施方案、产品研发管控流程	1）产品研发周期在____天内 2）项目阶段成果达成率达____%
4. 专利管理	◆ 知识产权管理办法、企业专利管理规定、知识产权保密规定、知识产权监控保护流程、专利申请方案	专利申请成功率达到____%
5. 研发团队管理	◆ 企业人才需求计划、员工培训计划、员工绩效考核管理办法、员工激励措施、员工保密协议	1）骨干员工培养数量达____位 2）核心员工流失率低于____%

5.2.3 软件开发经理工作标准

工作事项	工作依据与规范	工作成果或目标
1. 软件开发	◆ 软件功能需求分析报告，企业现有软件开发能力，软件开发管理办法、软件开发计划、软件开发进度管理流程	1）软件开发计划完成率达____% 2）软件开发时间差率小于____% 3）编写的有效源代码行数高于____行
2. 软件测试	◆ 软件测试方案、软件质量评估标准、软件质量标准、软件测试的工作流程、软件测试管理规定	1）缺陷率低于____% 2）保证软件存在的缺陷最高程度为轻微缺陷
3. 开发成本	◆ 软件开发预算、软件开发成本控制流程、软件研发费用使用规定、开发成本控制目标	软件开发成本控制率达____%

续表

4. 人员管理	◆ 企业人才需求计划、员工培训计划、员工绩效考核管理办法、员工激励措施、员工保密协议	核心员工流失率低于___%
5. 技术创新管理	◆ 知识产权管理办法、企业专利管理规定、知识产权保密规定、知识产权监控保护流程	专利/科技创新申请项不少于___项

5.2.4 工程技术经理工作标准

工作事项	工作依据与规范	工作成果或目标
1. 工程质量管理	◆ 工程质量标准、工程质量验收标准、工程质量检验办法、工程质量管理办法、工程质量控制办法	1) 客户对工程项目质量的满意度在___分以上 2) 工程质量投诉次数控制在___次以内
2. 质量认证管理	◆ 质量认证管理流程、质量认证管理办法、工程质量标准、质量认证体系编写要求和规范	1) 质量管理体系自检完成率达到___% 2) 质量管理认证一次通过率达到___%
3. 技术改进	◆ 工程技术改进的需求分析、企业工程施工能力综合评估报告、工程技术改进计划、工程技术改进管理办法、工程技术改进进度控制流程	新技术引进计划完成率达___%
4. 技术管理	◆ 工程项目技术监控流程、工程技术的检查规定、技术问题处理流程	1) 工程技术交底按时提交 2) 技术问题处理及时率达___%
5. 工程安全	◆ 工程施工安全管理办法、工程施工安全防范措施、应急避险方法、安全检查管理规定	工程项目安全事故发生次数控制在___次以内
6. 成本控制	◆ 工程费用使用范围、工程项目费用控制流程和管理办法、工程项目预算、工程项目成本控制目标	工程项目成本控制率达___%
7. 员工管理	◆ 企业人才需求计划、员工劳动合同、员工培训计划、员工绩效考核管理办法、员工职业规划	核心员工保有率达到___%

5.2.5 网络技术经理工作标准

工作事项	工作依据与规范	工作成果或目标
1. 网站建设	◆ 企业发展战略定位、网站规划、网站的定位、网站的功能需求分析报告、网站建设标准操作流程	1) 网站开发建设计划完成率高于____% 2) 客户满意度评分达____分
2. 网络系统管理	◆ 网络系统管理规定、网络维护管理办法、网络故障预防办法、网络故障排除方案、网络系统监控办法	1) 网络系统发生故障的次数不超过____次 2) 网络系统维修工作在____个小时内完成
3. 网络安全管理	◆ 网络安全管理制度、网络使用规定、内部信息保密协议、网络安全监控办法、计算机病毒安全与计算机日常操作规范	1) 及时检查网络系统，确保网络系统安全 2) 确保网络系统受到威胁的次数为0次
4. 数据库管理	◆ 数据库规划、数据库建设管理制度、数据库管理制度、数据库信息处理办法、数据库信息使用管理规定	1) 数据库信息完整率达____% 2) 数据恢复成功率达到____%
5. 员工管理	◆ 员工培训计划、网络安全教育培训、员工绩效考核管理办法、员工工作守则	1) 核心员工流失率低于____% 2) 员工绩效考核平均分达到____分以上

5.3 技术研发类岗位结果标准体系设计

5.3.1 生产技术经理结果标准

职位名称：生产技术经理　　　　　　　　　　评估时间：　　年　月　日

结果项目	评估指标	权重	评估标准
编写技术方案	技术方案提交及时率	5%	1. 技术方案提交及时率=$\frac{及时提交方案数}{计划提交方案总数}\times100\%$ 2. 技术方案提交及时率高于____%，每降低____%，减____分
	技术方案采用率	10%	1. 技术方案采用率=$\frac{被采用的技术方案数}{提交的技术方案总数}\times100\%$ 2. 技术方案采用率高于____%，每降低____%，减____分

续表

结果项目	评估指标	权重	评估标准
技术支持	生产技术问题处理及时率	10%	1. 生产技术问题处理及时率 $=\dfrac{\text{及时处理生产技术问题的数量}}{\text{出现的生产技术问题的总数}}\times100\%$ 2. 生产技术问题处理及时率高于____%，每降低____%减____分
技术支持	技术图纸出图准确性	10%	1. 根据图纸进行物资采购、产品生产的具体使用情况确定图纸是否准确 2. 技术图纸出图错误次数控制在____次以内，每高____次减____分
工艺改进	标准工时降低率	10%	1. 标准工时降低率 $=\dfrac{\text{改进前的标准工时}-\text{改进后标准工时}}{\text{改进前标准工时}}\times100\%$ 2. 标准工时降低率高于____%，每降低____%，减____分
工艺改进	材料消耗降低率	10%	1. 材料消耗降低率 $=\dfrac{\text{改进前材料消耗量}-\text{改进后材料消耗量}}{\text{改进前材料消耗量}}\times100\%$ 2. 材料消耗降低率高于____%，每降低____%，减____分
技术改进	技术改进项目完成率	10%	1. 技术改进项目完成率 $=\dfrac{\text{技术实际改进数}}{\text{技术改进项目计划数}}\times100\%$ 2. 技术改进项目完成率达到____%，每降低____%，减____分
技术改进	技术改造费用控制率	10%	1. 技术改造费用控制率 $=\dfrac{\text{实际技术改造费用}}{\text{技术改造预算费用}}\times100\%$ 2. 技术改造费用控制率达到____%，每降低____%，减____分
员工管理	外部学术交流次数	10%	考核期内进行外部学术交流的次数在____次以上，每少____次，减____分
员工管理	内部技术培训次数	5%	考核期内进行内部技术培训的次数在____次以上，每少____次，减____分
员工管理	员工绩效考核得分	10%	1. 对部门员工绩效考核具体项目进行评分，根据所占的权重计算绩效考核的平均得分 2. 员工绩效考核平均得分在____分以上，每少____分，减____分

5.3.2 产品研发经理结果标准

职位名称：产品研发经理			评估时间： 年 月 日	

结果项目	评估指标	权重	评估标准
产品研发计划	新产品开发数	10%	新产品开发数达到____项，每少1项，减____分
产品研发计划	产品改良计划完成率	10%	1. 产品改良计划完成率 = $\frac{产品改良数}{产品改良计划数} \times 100\%$ 2. 产品改良计划完成率达到____%，每降低____%，减____分
研发质量管理	产品投入市场的稳定性	10%	1. 产品投入市场后，调查产品的质量、性能是否稳定，质量、性能不稳定，则需更改产品，重新进行设计 2. 产品投放市场后产品设计更改的次数少于____次，每增加____次，减____分
研发进度管理	产品研发周期	10%	1. 产品研发的平均周期天数 2. 产品研发的周期在____天内，每延迟____天，减____分
研发进度管理	项目阶段成果达成率	10%	1. 项目阶段成果达成率 = $\frac{各项目实施阶段成果达成数}{计划达成数} \times 100\%$ 2. 项目阶段成果达成率达到____%，每降低____%，减____分
产品研发财务管理	产品研发成本控制率	10%	1. 产品研发成本控制率 = $\frac{实际项目研发费用}{项目研发预算} \times 100\%$ 2. 产品研发成本控制率达到____%，每降低____%，减____分
产品研发财务管理	新产品利润贡献率	10%	1. 新产品利润贡献率 = $\frac{新产品利润总额}{全部利润总额} \times 100\%$ 2. 新产品利润贡献率达到____%，每降低____%，减____分
专利管理	专利申请成功率	10%	1. 专利申请成功率 = $\frac{专利项目申请成功数}{提交专利项目总数} \times 100\%$ 2. 专利申请成功率达到____%，每降低____%，减____分
研发团队管理	骨干员工培养数量	10%	1. 新增加骨干员工数量 2. 骨干员工培养数量达到____位，每少____位，减____分
研发团队管理	核心员工流失率	10%	1. 核心员工流失率 = $\frac{期初核心员工数 - 期末核心员工数}{期初核心员工数} \times 100\%$ 2. 核心员工流失率低于____%，每高____%，减____分

5.3.3 软件开发经理结果标准

职位名称：软件开发经理			评估时间： 年 月 日

结果项目	评估指标	权重	评估标准
软件开发	软件开发计划完成率	10%	1. 软件开发计划完成率 $=\dfrac{项目开发数}{项目开发计划数}\times 100\%$ 2. 软件开发计划完成率达到____%，每降低____%，减____分
软件开发	软件开发时间差率	15%	1. 软件开发时间差率 $=\dfrac{实际完成时间-计划完成时间}{计划开始时间-计划完成时间}\times 100\%$ 2. 软件开发时间差率小于____%，每高____%，减____分
软件开发	代码编写数	15%	1. 人均每月所能编写的有效代码行数 2. 编写的有效源代码行数高于____行，每减少____行，减____分
软件测试	缺陷率	15%	1. 缺陷率 $=\dfrac{失败的测试用例数}{所有经过测试的用例数}\times 100\%$ 2. 缺陷率低于____%，每高____%，减____分
软件测试	缺陷级别	10%	1. 在实施考评时，可结合企业设置轻微、一般、较严重缺陷、严重缺陷4个级别 2. 保证软件存在的缺陷为轻微缺陷，综合评价缺陷的级别，一般缺陷减____分、较严重减____分、严重减____分
开发成本	软件开发成本控制率	15%	1. 软件开发成本控制率 $=\dfrac{实际软件开发费用}{软件开发预算}\times 100\%$ 2. 软件开发成本控制率达到____%，每降低____%，减____分
人员管理	核心员工流失率	10%	1. 核心员工流失率 $=\dfrac{期初核心员工数-期末核心员工数}{期初核心员工数}\times 100\%$ 2. 核心员工流失率低于____%，每高____%，减____分
技术创新管理	专利/科技创新申请项	10%	专利/科技创新申请项高于____项，每减少____项，减____分

5.3.4 工程技术经理结果标准

职位名称：工程技术经理			评估时间： 年 月 日	

结果项目	评估指标	权重	评估标准
工程质量管理	客户满意度	10%	1. 对客户进行工程质量满意度调查，并进行综合评分 2. 考核期内客户对工程项目质量的满意度在___分以上，每低___分，减___分
	工程质量投诉次数	10%	工程质量投诉次数控制在___次以内，每超___次，减___分
质量认证管理	质量管理体系自检完成率	10%	1. 质量管理体系自检完成率 $=\dfrac{\text{完成自检的工作事项}}{\text{质量管理体系总工作事项}}\times 100\%$ 2. 质量管理体系自检完成率达___%，每降低___%减___分
	质量管理认证一次通过率	10%	1. 质量管理认证一次通过率 $=\dfrac{\text{质量认证一次通过的次数}}{\text{质量认证提交的次数}}\times 100\%$ 2. 质量管理认证一次通过率达___%，每降低___%减___分
技术改进	新技术引进计划完成率	10%	1. 新技术引进计划完成率 $=\dfrac{\text{新技术引进数量}}{\text{新技术计划引进数量}}\times 100\%$ 2. 新技术引进计划完成率达___%，每降低___%，减___分
技术管理	工程技术交底及时性	10%	1. 工程技术交底需按规定时间进行提交，以指导工程施工，确保工程施工的顺利进行 2. 工程技术交底按规定时间进行，每延迟___日，减___分
	技术问题处理及时率	10%	1. 技术问题处理及时率 $=\dfrac{\text{及时处理技术问题数}}{\text{出现的技术问题总数}}\times 100\%$ 2. 技术问题处理及时率高于___%，每降低___%，减___分
工程安全	工程项目安全事故发生次数	10%	考核期内工程施工安全事故发生总次数控制在___次以内，每超___次，减___分
成本控制	成本控制率	10%	1. 工程项目成本控制率 $=\dfrac{\text{实际发生的工程投资额}}{\text{工程预算额}}\times 100\%$ 2. 工程项目成本控制率达到___%，每高___%，减___分
员工管理	核心员工保有率	10%	1. 核心员工保有率 $=\dfrac{\text{期末核心员工数}-\text{期内新增核心员工数}}{\text{期初核心员工数}}\times 100\%$ 2. 核心员工保有率达到___%，每降低___%，减___分

5.3.5 网络技术经理结果标准

职位名称：网络技术经理			评估时间： 年 月 日

结果项目	评估指标	权重	评估标准
网站建设	网站开发建设计划完成率	10%	1. 网站开发建设计划完成率 $=\dfrac{\text{网站开发建设完成的页数}}{\text{网站开发建设计划完成的页数}}\times 100\%$ 2. 网站开发建设计划完成率高于____%，每降低____%减____分
	客户满意度	15%	1. 客户对设计的网页及网站的满意度进行综合评分 2. 客户满意度评分达到____分，每降低____分，减____分
网络系统管理	网络系统发生故障的次数	10%	网络系统发生故障次数不超过____次，每多____次，减____分
	网络系统修复及时性	10%	1. 及时对网络系统进行修复，避免系统出现漏洞，给公司网络系统造成危险 2. 网络系统故障维修工作在____个小时（或规定的时间）内完成，保证网络系统的正常使用
网络安全管理	网络安全检查及时性	10%	1. 需定期对安全防护软件、网络和服务器信息进行检查 2. 网络安全检查次数达到____次，每少____次，减____分
	网络安全性	15%	1. 网络安全性是指网络系统未被黑客、病毒等攻击，能够正常运行 2. 确保网络系统受到入侵威胁，同时对企业造成了影响的次数为 0 次，每多 1 次，减____分
数据库管理	数据库信息完整率	10%	1. 数据库信息完整率 $=\dfrac{\text{添加的数据库信息量}}{\text{数据库信息的计划量}}\times 100\%$ 2. 数据库信息完整率达到____%，每降低____%，减____分
	数据恢复的成功率	10%	1. 数据恢复成功率 $=\dfrac{\text{恢复的数据库信息数量}}{\text{丢失的数据库信息数量}}\times 100\%$ 2. 数据恢复成功率达到____%，每降低____%，减____分
员工管理	核心员工流失率	5%	1. 核心员工流失率 $=\dfrac{\text{期初核心员工数}-\text{期末核心员工数}}{\text{期初核心员工数}}\times 100\%$ 2. 核心员工流失率低于____%，每高____%，减____分
	员工绩效考核得分	5%	1. 对部门员工绩效考核具体项目进行评分，根据所占的权重计算绩效考核的平均得分 2. 员工绩效考核平均得分在____分以上，得分每少____分，减____分

第 6 章

采购供应类岗位任职资格标准体系

6.1 采购供应类岗位胜任标准体系设计

6.1.1 食品采购经理胜任标准

职位基本信息		
职位名称：食品采购经理 所属部门：		职位编号： 直接上级：

胜任项	胜任子项	具体要求
学历	学习形式	☑全日制 □函授 □自考 □夜大
	学历层次	□博士 □硕士 □本科 ☑专科 □高职高专 □中专
知识	专业知识	1. 全日制大学专科及以上学历 2. 食品科学与工程、食品质量与安全、物流管理、工商管理等专业毕业 3. 具备采购与供应链管理的专业知识，具备食品安全及检验的相关知识
	业务知识	1. 熟悉食品采购的程序 2. 了解企业所需食品的市场供应情况 3. 熟悉采购预算的编制方法，熟悉采购成本控制方法 4. 熟悉食品市场的发展状况 5. 熟悉食品检验的相关方法
	基础知识	1. 熟悉食品安全法律法规 2. 掌握食品安全国家标准 3. 熟悉合同法、经济法以及反不正当竞争法等相关法律法规
经验	工作经验	1. 具备5年以上食品加工制造或食品销售行业的工作经验 2. 具备3年以上食品行业采购与供应链管理工作经验
	培训经历	1. 接受过采购与供应链管理、采购成本控制的专业培训 2. 接受过食品安全管理的相关培训
能力	基础能力	1. 熟练使用Office办公软件 2. 书面及口头表达能力强
	通用能力	1. 具备良好的人际交往及沟通能力 2. 具备出色的组织协调能力和团队协作能力 3. 具备良好的创新能力及应变能力
	管理能力	1. 良好的部门内和跨部门的组织和协调能力 2. 良好的团队建设及管控能力

续表

胜任项	胜任子项	具体要求
技能	上岗技能	1. 具备采购员、食品安全师以上职业资格认证者优先 2. 具备注册职业采购经理证书者优先
	业务技能	1. 具备良好的商业谈判能力 2. 具备良好的合同管理及风险控制能力
素养	自身素养	外向，善于沟通，积极向上，有进取精神
	职业素养	认真细致、爱岗敬业、踏实肯干，并具有高度的社会责任感

6.1.2 建材采购经理胜任标准

职位基本信息

职位名称：建材采购经理　　　　　职位编号：
所属部门：　　　　　　　　　　　　直接上级：

胜任项	胜任子项	具体要求
学历	学习形式	☑全日制　□函授　□自考　□夜大
	学历层次	□博士　□硕士　☑本科　□专科　□高职高专　□中专
知识	专业知识	1. 全日制大学本科及以上学历 2. 建筑科学与工程、材料科学工程、土木工程、工业工程、物流管理等管理专业毕业 3. 具备采购与供应链管理的专业知识、建材质量管理等相关专业知识
	业务知识	1. 熟悉建筑材料采购的程序及招标程序 2. 了解企业所需建筑材料的市场供应及价格波动情况 3. 熟悉采购预算的编制方法、熟悉采购成本控制方法 4. 熟悉市场调研及预测、采购需求预测的方法
	基础知识	1. 熟悉合同法与经济法、招标投标法 2. 熟悉反不正当竞争法等其他相关法律法规 3. 熟悉各类建材的质量国家标准
经验	工作经验	1. 具备5年以上建筑材料行业的工作经验 2. 具备3年以上建材采购与供应链管理工作经验
	培训经历	1. 接受过采购管理专业培训 2. 接受过建材质量检验的相关培训
能力	基础能力	1. 熟练使用Office办公软件 2. 书面及口头表达能力强

续表

胜任项	胜任子项	具体要求
能力	通用能力	1. 具备良好的人际交往及沟通能力 2. 具备出色的组织协调能力和团队协作能力 3. 具备良好的创新能力及应变能力 4. 具备良好的人脉和渠道关系
	管理能力	1. 良好的部门内和跨部门的组织和协调能力 2. 良好的团队建设及管控能力
技能	上岗技能	1. 通过助理采购师以上职业资格认证者优先 2. 具备注册职业采购经理证书者优先
	业务技能	1. 具备良好的商业谈判能力 2. 具备良好的合同管理及风险控制能力
素养	自身素养	外向，善于沟通，积极向上
	职业素养	爱岗敬业、踏实肯干，具备高度的社会责任感

6.1.3 设备采购经理胜任标准

职位基本信息

职位名称：设备采购经理 所属部门：	职位编号： 直接上级：

胜任项	胜任子项	具体要求
学历	学习形式	☑全日制　□函授　□自考　□夜大
	学历层次	□博士　□硕士　☑本科　□专科　□高职高专　□中专
知识	专业知识	1. 全日制大学本科及以上学历 2. 机械设计及制造、电气管理、工业工程、自动化等相关工科专业毕业 3. 具备采购与供应链管理的专业知识，具备设备管理相关专业知识 4. 熟悉设备相关元件、结构件、配件知识
	业务知识	1. 熟悉机械设备采购、验收的程序 2. 了解招投标的相关程序，熟悉招投标业务知识 3. 熟悉采购预算的编制方法，熟悉采购成本控制方法 4. 掌握采购成本分析的方法，熟悉采购底价确定的方法 5. 熟悉招投标管理、行业设备采购的相关网站
	基础知识	1. 熟悉招标投标法、合同法与经济法、反不正当竞争法等相关法律法规 2. 熟悉相关机械设备的质量国家、行业技术标准及安全标准

续表

胜任项	胜任子项	具体要求
经验	工作经验	1. 具备5年以上机械设备行业的工作经验 2. 具备3年以上机械设备采购及供应链管理工作经验
	培训经历	1. 接受过采购管理、招标管理专业培训 2. 接受过设备管理、固定资产管理的相关培训
能力	基础能力	1. 熟练使用Office办公软件，熟练操作计算机，具备一定的网络知识 2. 书面及口头表达能力强
	通用能力	1. 具备良好的人际交往及沟通能力 2. 具备出色的组织协调能力和团队协作能力 3. 具备良好的创新能力及应变能力 4. 具备良好的人脉和渠道关系 5. 具备细节关注能力
	管理能力	1. 良好的部门内和跨部门的组织和协调能力 2. 良好的团队建设及管控能力
技能	上岗技能	1. 通过采购师以上职业资格认证者优先 2. 具备注册职业采购经理证书者优先
	业务技能	1. 具备良好的商业谈判能力 2. 具备良好的合同管理及风险控制能力 3. 具备设备验收控制能力
素养	自身素养	外向，善于沟通，积极向上，抗压力强
	职业素养	爱岗敬业、踏实肯干、结果导向型，具备成本意识、良好的职业操守

6.1.4 医药采购经理胜任标准

职位基本信息

职位名称：医药采购经理 所属部门：	职位编号： 直接上级：

胜任项	胜任子项	具体要求
学历	学习形式	☑全日制　□函授　□自考　□夜大
	学历层次	□博士　□硕士　☑本科　□专科　□高职高专　□中专
知识	专业知识	1. 药学、生物医药学、物流管理等相关专业 2. 熟悉采购管理、生产管理、生物医药、法律等相关知识

续表

胜任项	胜任子项	具体要求
知识	业务知识	1. 熟悉企业医药采购物资的特性和质量要求，掌握医药物资采购工作流程 2. 了解同行业运营状态，全面掌握企业采购业务流程 3. 熟悉采购相关质量管理体系
	基础知识	1. 熟悉采购法、经济法、医药卫生法以及与采购相关的各项法律、法规 2. 熟悉各种公文写作的基本常识
经验	工作经验	医药零售行业3年以上采购管理工作经验
	培训经历	参加过采购管理、采购风险控制、药品质量鉴定等课程的培训
能力	基础能力	1. 熟练运用各种办公软件 2. 具有基本的互联网应用能力 3. 具有一定的文字编写能力
	通用能力	1. 沟通协作能力：主动与人交流，积极主动地协调各类资源，有效地促进沟通 2. 问题发现与解决能力：自如地应对变化或不确定因素，处理各种问题 3. 预期应变能力：应变能力较强，能够轻松地处理工作中遇到的问题 4. 信息收集能力：明确采购所需信息的来源及种类，核实信息完整性与准确性 5. 专业学习能力：在工作范围之外寻找学习机会，提高自己的知识水平
	管理能力	1. 决策能力：分析较广泛领域内的复杂情况，做出战略性决策 2. 团队建设能力：明确地向下属表达认同与赞许，建立有效的激励机制并实施 3. 目标管理能力：主持医药采购预算工作，实施采购预算控制目标 4. 授权控制能力：建立采购管理控制体系，适时对采购进行评估、分析、调整
技能	上岗技能	具备采购师职业资格证，具备采购师初级以上职称
	业务技能	1. 询价能力：根据市场信息分析预测价格的走势，在询价中居于主导地位 2. 商务谈判能力：快速识别对方的谈判风格，准确把握对方的观点
素养	自身素养	品德优良、忠实可靠、责任心强、韧性较强
	职业素养	对价格敏感，团队意识强，实事求是，具有较强的成本意识

6.1.5　采购成本主管胜任标准

职位基本信息	
职位名称：采购成本主管 所属部门：	职位编号： 直接上级：

胜任项	胜任子项	具体要求
学历	学习形式	☑全日制　☐函授　☐自考　☐夜大
	学历层次	☐博士　☐硕士　☑本科　☐专科　☐高职高专　☐中专

第6章 采购供应类岗位任职资格标准体系

续表

胜任项	胜任子项	具体要求
知识	专业知识	物流管理、财务管理、会计等相关专业毕业
	业务知识	1. 掌握采购管理、采购成本核算等相关知识 2. 熟悉采购成本分析方法及控制流程
	基础知识	1. 熟悉采购法、经济法、企业会计准则等相关法律、法规 2. 熟悉与采购相关的国家采购、会计政策 3. 了解采购供应市场以及企业内部采购环境
经验	工作经验	1. 3年以上企业财务工作经验 2. 1年以上采购成本管理岗位工作经验
	培训经历	参加过采购成本分析与控制等相关课程的培训
能力	基础能力	1. 熟练运用各种财务办公软件 2. 熟悉各种公文写作的基本常识
	通用能力	1. 良好沟通能力:主动与人交流,积极主动地协调各类资源,有效地促进沟通 2. 良好的计划管理能力:主持企业采购成本工作,制订企业采购费用计划 3. 独立的问题分析与解决能力:应对变化或不确定因素,处理有困惑的问题
	管理能力	1. 决策能力:客观分析形势并做出正确判断 2. 良好的团队建设能力:有意识地建立团队合作与竞争机制 3. 良好的授权控制能力:能有效地控制部门下属的行为
技能	上岗技能	具有会计从业资格证
	业务技能	1. 突出的成本核算能力:能准确核算采购成本 2. 专业的成本控制能力:能够制定合理的企业采购成本降低措施
素养	自身素养	工作积极主动、认真细致
	职业素养	1. 具有较强的成本控制意识 2. 服务意识和合作意识较强 3. 责任心强,具备良好的职业道德

6.1.6 采购预算主管胜任标准

职位基本信息	
职位名称:采购预算主管 所属部门:	职位编号: 直接上级:

胜任项	胜任子项	具体要求
学历	学习形式	☑全日制 □函授 □自考 □夜大
	学历层次	□博士 □硕士 ☑本科 □专科 □高职高专 □中专

续表

胜任项	胜任子项	具体要求
知识	专业知识	物流管理、财务管理、会计学等相关专业
	业务知识	掌握采购预算知识，熟悉预算编制基本流程
	基础知识	1. 熟悉采购方面的法律、法规 2. 熟悉财务会计相关法律、法规 3. 熟悉企业内部控制相关规范
经验	工作经验	2年以上采购预算管理工作经验
	培训经历	参加过采购预算管理、财务会计等方面的课程
能力	基础能力	1. 能够熟练运用各种财务办公软件 2. 具有良好的学习能力，能不断提高自己的知识水平和业务技能
	通用能力	1. 良好的沟通协调能力：能积极主动地协调各类资源，有效促进合作 2. 较强的逻辑分析能力：正确分析、判断预算执行情况 3. 较强的信息收集与处理能力：及时收集企业内外部采购信息
	管理能力	1. 目标管理能力：能通过实施有效控制措施完成预算目标 2. 授权控制能力：能有效地监督控制预算执行情况
技能	上岗技能	1. 具有会计从业资格证 2. 具备会计师中级职称
	业务技能	1. 财务分析能力：熟悉采购财务指标分析，对现有采购成本分析体系进行创新 2. 询价能力：掌握价格变动情况，分析询价中存在的问题，进行比价、议价
素养	自身素养	工作积极主动，自律性强
	职业素养	1. 具有成本控制意识 2. 具有敬业精神 3. 全局意识强

6.1.7 采购质控主管胜任标准

职位基本信息	
职位名称：采购质控主管 所属部门：	职位编号： 直接上级：

胜任项	胜任子项	具体要求
学历	学习形式	☑全日制 □函授 □自考 □夜大
	学历层次	□博士 □硕士 ☑本科 □专科 □高职高专 □中专

续表

胜任项	胜任子项	具体要求
知识	专业知识	1. 物流管理、质量管理等相关专业 2. 熟悉物流管理、采购管理、生产管理、质量管理等相关知识
	业务知识	1. 了解同行业运营状态，全面掌握企业采购、质量业务流程 2. 熟悉企业所采购物资的质量、验收等管理制度与工作流程
	基础知识	1. 熟悉产品质量法以及与产品质量相关的各项法律、法规 2. 熟悉企业采购各种产品的国家质量标准 3. 熟悉各种公文写作的基本常识
经验	工作经验	2年以上质量管理工作经验
	培训经历	1. 参加过供应商质量管理与物资质量验收等课程的培训 2. 参加过质量体系、质量控制等方面的专业培训
能力	基础能力	熟练运用各种办公软件，具有基本的网络知识和计算机操作能力
	通用能力	1. 关注细节能力：能对质量细节分析中的问题深度思考，与相关部门沟通协调 2. 沟通协作能力：主动与人交流，积极主动地协调各类资源，有效地促进沟通 3. 应变能力：应变能力较强，能够轻松地处理工作中遇到的问题
	管理能力	1. 决策能力：客观分析形势并做出初步判断 2. 团队建设能力：有意识地建立团队内的有效合作及适当竞争机制
技能	上岗技能	具有ISO9000质量管理体系认证以及其他有关质量管理资格证
	业务技能	1. 质量问题处理能力：具有较强的分析质量问题的能力，迅速地处理问题 2. 信息汇总能力：能够快速地汇总及整理采购质量信息，并发现问题
素养	自身素养	严谨、诚实守信、自律性、敬业精神、主动性、全局观念
	职业素养	工作严谨细致，善于发现，敏感性、责任心、团队意识、求实性

6.1.8 采购合同主管胜任标准

职位基本信息	
职位名称：采购合同主管 所属部门：	职位编号： 直接上级：

胜任项	胜任子项	具体要求
学历	学习形式	☑全日制　□函授　□自考　□夜大
	学历层次	□博士　□硕士　☑本科　□专科　□高职高专　□中专
知识	专业知识	1. 法学、工商管理、财务管理等相关专业 2. 熟悉经济学、项目管理学、物流管理、采购管理、生产管理等相关知识

续表

胜任项	胜任子项	具体要求
知识	业务知识	1. 了解同行业市场状况,全面掌握企业采购及合同管理业务流程 2. 熟悉采购合同管理规范,采购知识、供应商管理知识
	基础知识	1. 熟悉合同法、经济法以及与采购相关的各项法律、法规 2. 熟悉合同公文写作的基本常识
经验	工作经验	3年以上采购或合同管理相关工作经验
	培训经历	参加过合同风险控制、采购合同管理系列等课程的培训
能力	基础能力	熟练运用各种办公软件,具有基本的网络知识及文档编写能力
	通用能力	1. 沟通协作能力:主动与人交流,积极主动地协调各类资源,有效地促进沟通 2. 问题发现与解决能力:自如地应对变化或不确定因素,处理有困惑的问题 3. 预期应变能力:应变能力较强,能够轻松地处理工作中遇到的问题 4. 信息收集能力:明确采购所需信息的来源及种类,核实信息完整性与准确性
	管理能力	1. 决策能力:客观分析形势并做出初步判断 2. 团队建设能力:有意识地建立团队内的有效合作及适当竞争机制
技能	上岗技能	具备采购师职业资格证
	业务技能	1. 合同管理能力:落实合同管理规范,开展合同谈判 2. 合同执行能力:督促供应商准时交货,准确、及时、完整地记录合同执行情况 3. 商务谈判能力:快速识别对方的谈判风格,准确把握对方的观点
素养	自身素养	严谨、诚实守信、自律性、敬业精神、主动性、全局观念
	职业素养	敏感性、责任心、团队意识、求实性、成本意识、客户意识

6.1.9 供应商管理主管胜任标准

职位基本信息	
职位名称:供应商管理主管 所属部门:	职位编号: 直接上级:

胜任项	胜任子项	具体要求
学历	学习形式	☑全日制 □函授 □自考 □夜大
	学历层次	□博士 □硕士 ☑本科 □专科 □高职高专 □中专
知识	专业知识	1. 工商管理、物流等专业 2. 熟悉采购谈判、供应商管理系统等基本知识

续表

胜任项	胜任子项	具体要求
知识	业务知识	1. 了解同行业运营状态，全面掌握企业内部业务流程 2. 熟悉供应商调查、供应商评选、供应商认证、供应商维护、供应商考核与评价等工作流程
	基础知识	1. 熟悉国家有关采购业务的各项政策规定 2. 熟悉合同法及经济法的相关规定 3. 熟悉公文写作的基本常识
经验	工作经验	3年以上同行业供应商管理工作经验
	培训经历	参加过供应商管理系列等课程的培训
能力	基础能力	熟练运用各种办公软件，具有基本的网络知识
	通用能力	1. 沟通协作能力：主动与人交流，积极主动地协调各类资源，有效地促进沟通 2. 问题发现与解决能力：自如地应对变化或不确定因素，处理有困惑的问题 3. 应变能力：应变能力较强，能够轻松地处理工作中遇到的问题 4. 信息收集能力：明确采购所需信息的来源及种类，核实信息完整性与准确性
	管理能力	1. 决策能力：客观分析形势并做出初步判断 2. 团队建设能力：有意识地建立团队内的有效合作及适当竞争机制
技能	上岗技能	具备采购师职业资格证
	业务技能	1. 询价能力：掌握价格的变动情况，分析询价中存在的问题，进行比价、议价 2. 商务谈判能力：快速识别对方的谈判风格，准确把握对方的观点，主导谈判
素养	自身素养	自律性、诚实性、敬业精神、主动性、全局观念
	职业素养	敏感性、责任心、团队意识、求实性、成本意识、客户意识

6.2 采购供应类岗位工作标准体系设计

6.2.1 食品采购经理工作标准

工作事项	工作依据与规范	工作成果或目标
1. 采购工作标准及流程的完善	◆ 食品采购业务模式、各岗位分工情况 ◆ 采购部各项规章制度、采购管理流程、工作标准	1) 流程标准完善率达____% 2) 流程优化及时率达____%
2. 食品采购计划编制与执行	◆ 年度生产计划、食品请购表、食品需求计划、外部市场供应状况 ◆ 采购计划管理制度、采购计划编制规范	1) 食品采购计划编制及时率达到____% 2) 采购计划完成率达____%

续表

工作事项	工作依据与规范	工作成果或目标
3. 食品厂商管理	◆ 食品厂商管理制度、食品厂商选择制度 ◆ 供应商考核评价方法、供应商维护方案、食品厂商开发计划等	1) 供应商开发计划完成率达到____% 2) 厂商履约率达____%
4. 采购谈判与合同管理	◆ 商务谈判管理制度、采购合同管理制度、采购合同风险规避方案 ◆ 本企业采购合同范本等	1) 谈判目标达成率达____% 2) 采购合同履约率达____%
5. 采购交期管理	◆ 采购交期控制制度、采购交期跟催方案 ◆ 采购合同、采购订单、供应商交期跟催表	1) 采购交期及时率达____% 2) 交期延误损失低于____元
6. 采购质量控制	◆ 食品质量与安全管理制度、食品质量检验制度、食品安全国家标准等 ◆ 食品采购合同、食品厂商认证管理制度等	1) 食品质量合格率达____% 2) 食品安全事故数为0
7. 控制采购成本	◆ 采购费用支出记录表、采购费用预算书 ◆ 采购预算管理制度、采购成本控制制度等	1) 费用预算达成率达____% 2) 采购成本不高于____元
8. 部门日常管理	◆ 采购部管理制度、采购人员日常行为规范、食品从业人员管理规范 ◆ 部门培训管理制度、方案	1) 采购人员工作违规不高于____人次 2) 部门日常工作推展顺利

6.2.2 建材采购经理工作标准

工作事项	工作依据与规范	工作成果或目标
1. 建材采购标准及流程的完善	◆ 建材采购业务模式、各岗位分工情况 ◆ 采购部各项规章制度，采购管理流程、工作标准，招标管理工作制度及标准	1) 流程标准完善率达____% 2) 流程优化及时率达____%
2. 建材采购计划编制与执行	◆ 年度生产计划、建材采购需求分析报告、建材市场供应状况 ◆ 采购计划管理制度、采购计划编制规范	1) 采购计划编制及时率达到____% 2) 采购计划完成率达____%
3. 建材供应商管理	◆ 供应商管理制度、供应商选择制度 ◆ 供应商考核评价方法、供应商维护方案、供应商开发计划等	1) 供应商开发计划完成率达到____% 2) 厂商履约率达____%
4. 采购谈判与合同管理	◆ 商务谈判管理制度、采购合同管理制度、采购合同风险规避方案 ◆ 本企业采购合同范本等	1) 谈判目标达成率达____% 2) 采购合同履约率达____%
5. 采购交期管理	◆ 采购交期控制制度、采购交期跟催方案 ◆ 采购合同、采购订单、供应商交期跟催表	1) 采购交期及时率达____% 2) 交期延误损失低于____元

续表

工作事项	工作依据与规范	工作成果或目标
6. 建材采购质量标准制订	◆ 各类建材质量的国家标准、建筑安全管理的标准及规范等 ◆ 企业质量管理制度、客户质量要求文件等	1) 建材采购质量标准完善率达到____% 2) 质量标准科学、合理
7. 采购质量控制	◆ 物资质量管理制度、进料质量检验制度、企业物资质量标准等 ◆ 建材采购合同、采购认证管理制度等	1) 建材质量合格率达____% 2) 建材质量满意度达____分
8. 控制采购成本	◆ 采购费用支出记录表、采购费用预算书 ◆ 采购预算管理制度、采购成本控制制度等	1) 费用预算达成率达____% 2) 采购成本不高于____元
9. 部门日常管理	◆ 采购部管理制度、采购人员日常行为规范 ◆ 采购人员培训管理制度、方案	1) 采购人员工作违规不高于____人次 2) 部门日常工作推展顺利

6.2.3 设备采购经理工作标准

工作事项	工作依据与规范	工作成果或目标
1. 设备采购标准及流程的完善	◆ 设备采购业务模式、各岗位分工情况 ◆ 采购部各项规章制度、采购管理流程、工作标准，招标管理工作制度及标准	1) 流程标准完善率达____% 2) 流程优化及时率达____%
2. 设备采购计划编制与执行	◆ 年度生产计划、设备负荷分析报告、设备购置需求分析报告、设备购置申请 ◆ 企业设备管理制度、固定资产管理制度、采购计划管理制度、采购计划编制规范	1) 采购计划编制及时率达到____% 2) 采购计划完成率达____%
3. 设备供应商管理	◆ 供应商管理制度、供应商选择制度 ◆ 供应商考核评价方法、供应商维护方案、设备供应商开发计划等	1) 供应商开发计划完成率达到____% 2) 厂商履约率达____%
4. 设备招标管理	◆ 招标管理制度、招标投标法、设备招标管理办法、招标文件编制规范等	1) 招标及时完成率达____% 2) 招标投诉次数低于____次
5. 采购谈判与合同管理	◆ 设备采购谈判管理制度、采购合同管理制度、采购合同风险规避方案 ◆ 设备采购合同范本等	1) 谈判目标达成率达____% 2) 采购合同履约率达____%
6. 设备采购交期控制	◆ 采购交期控制制度、采购交期跟催方案 ◆ 采购合同、设备订单、设备交期跟催表	1) 设备采购交期及时率达____% 2) 交期延误损失低于____元
7. 设备采购质量标准制定	◆ 企业所需设备的质量国家标准、企业的质量管理制度、机械设备安全管理规范等 ◆ 请购部门质量要求文件等	1) 设备采购质量标准完善率达到____% 2) 质量标准科学、合理

续表

8. 设备运输过程控制	◆ 采购物流管理制度、设备运输过程跟踪表	1）设备运输事故次数为 0 2）设备及时交付率达____%
9. 采购质量控制	◆ 设备质量管理制度、设备验收管理制度、设备调试管理方案 ◆ 设备采购合同、设备质量需求说明书、设备说明书、设备零部件及备件清单	1）设备故障率低于____% 2）设备运行稳定性高
10. 控制采购成本	◆ 采购费用支出记录表、采购费用预算书 ◆ 采购预算管理制度、采购成本控制制度等	1）费用预算达成率达____% 2）采购成本不高于____元

6.2.4 医药采购经理工作标准

工作事项	工作依据与规范	工作成果或目标
1. 制定采购战略、规范与计划	◆ 医药企业总体经营目标、战略规划、工作方针，各项采购管理制度与工作标准、计划编制规范、往年采购数据、市场研究分析报告、采购预算	1）及时编制年度采购计划 2）年度采购计划完成率达____%
2. 制定医药采购总体预算	◆ 采购战略计划和年度采购预算，具体的采购工作分解情况、采购预算编制规范	采购成本控制在预算范围内
3. 医药采购工作实施管理	◆ 采购战略规划，工作方针和工作目标，企业制定的与采购业务相关的管理制度与工作流程，国家规定的相关法律、法规	1）采购及时率达____%以上 2）供应商履约率达____%以上 3）采购合同执行率达到100% 4）采购物资合格率达____%以上
4. 员工日常管理	◆ 采购部门日常管理制度与工作流程，部门内部人员的绩效考核与评价结果	1）下属员工培训计划完成率达到100% 2）员工流失率控制在____%以内

6.2.5 采购成本主管工作标准

工作事项	工作依据与规范	工作成果或目标
1. 制定采购成本控制目标	◆ 上一年的采购成本控制目标，今年企业总体采购目标、采购成本降低可行性分析报告、市场环境调查报告	采购成本控制目标制定及时率达____%

续表

2. 编制、实施采购成本控制计划	◆ 上一年的历史采购数据，今年的总体采购目标、采购市场研究分析报告、计划编制规范	1) 计划编制及时率达____% 2) 计划完成率达____%
3. 采购成本分析与控制	◆ 企业的总体采购计划、各部门采购计划执行情况、实际采购情况调查研究报告、企业采购成本数据、采购价格资料信息、订购成本控制方案	1) 正确核算分析采购成本 2) 成本分析报告提交及时率达____%
4. 制订采购成本降低方案	◆ 采购成本控制计划、方案编制规范、采购成本控制制度与工作流程	方案科学性、可行性
5. 下属员工管理	◆ 人力资源培训计划、人力资源绩效考核计划、人力资源培训方案、人力资源绩效考核方案	培训计划完成率达____%

6.2.6 采购预算主管工作标准

工作事项	工作依据与规范	工作成果或目标
1. 信息收集	◆ 市场变化情况、国家政策变化情况、企业采购总体目标、采购信息收集流程、已收集的相关信息	信息收集完整率达____%
2. 预算编制	◆ 年度预算目标与计划、企业战略规划、预算编制程序、采购外部环境调研和预测、企业上一期预算执行情况、企业资源状况、历史资料记录	采购预算编制及时率达____%
3. 预算执行	◆ 成本费用控制方案、预算执行审批制度、预算监控制度、预算执行责任制度、预算目标责任书	采购费用预算差异率控制在____%以内
4. 预算分析	◆ 预算执行情况分析制度、预算差异分析数据、预算执行责任制度、外部环境变化情况	1) 预算分析准确率达____% 2) 及时提交预算分析报告
5. 预算调整	◆ 企业发展战略、企业采购目标、预算审批程序、预算反馈和报告、预算分析报告、市场环境变化情况、国家政策变化情况、预算调整管理制度	1) 及时编制预算调整方案 2) 年度调整次数为____次

6.2.7 采购质控主管工作标准

工作事项	工作依据与规范	工作成果或目标
1. 制定采购物资质量检验标准和规范	◆ 采购质量管理制度与相关流程、制定标准与规范的基本要求、国家规定的相关法律、法规	采购物资质量检验标准和规范提交及时率为100%

续表

工作事项	工作依据与规范	工作成果或目标
2. 制订质量检验工作计划	◆ 采购物资质量检验标准与规范、采购验收管理制度与工作流程	1）质检计划提交及时率100% 2）质检计划完成率达到100%
3. 质量检验实施	◆ 采购物资质量检验标准与规范、采购验收管理制度与工作流程、物资验收清单等	1）检验及时率达到100% 2）检验准确次数达到____% 3）质量成本控制在预算之内 4）漏检次数____次以下
4. 物资质量异常处理	◆ 问题物资处理流程、检验异常报告、验收清单表、退货登记表等	1）不合格品处理率达到____% 2）质量异常发生次数控制在____次以内 3）质量问题及时解决率达到100%
5. 提出物资质量改善意见或建议	◆ 采购检验报告、检验异常报告、采购物资质量检验标准与规范	质量改善意见或建议被采纳次数达____次
6. 建立采购物资质量标准档案	◆ 采购物资质量标准归档管理制度与工作流程，新技术、新产品的发展资料	质量记录缺失条数控制在____条以内

6.2.8 采购合同主管工作标准

工作事项	工作依据与规范	工作成果或目标
1. 建立采购价格和合同管理体系	◆ 采购合同管理制度与相关流程、规范，采购价格管控制度与相关流程、规范，供应商信息资料	采购价格和合同管理体系建设及时率达到100%
2. 编制并评审采购合同	◆ 采购谈判、采购询价等结果，采购合同编制规范要求与说明	1）采购合同提交及时率达到100% 2）采购合同范本规范性达到100%
3. 合同价格分析	◆ 各种物资价格预测、市场价格预测情况、供应商价格预测情况，询价、议价的谈判记录	1）采购标准价格在____%以内 2）采购价格分析报告提交及时率达到100%
4. 合同执行协调与管理	◆ 合同风险防范措施，合同执行、纠纷管理制度与相关流程、规范	1）采购合同执行率达100% 2）合同纠纷在____次以下
5. 采购合同资料归档管理	◆ 采购合同资料归档管理制度与工作流程	采购合同归档及时率达到100%

6.2.9 供应商管理主管工作标准

工作事项	工作依据与规范	工作成果或目标
1. 供应商管理事项执行	◆ 企业战略规划、年度运营计划、资源供应市场信息数据、供应商开发管理制度与工作流程	1）供应商开发计划完成率达到100% 2）供应商履约率达___%以上 3）采购质量合格率达___%以上 4）新开发供应商数在___家以上
2. 开发费用控制	◆ 企业开发费用使用计划、供应商开发管理制度	1）成本降低目标达成率在___%以上 2）管理费用预算超支率在___%以下
3. 供应商评估	◆ 供应商评估管理制度、供应商的技术能力评估数据、质量保证能力评估数据、生产及交付能力评估数据	1）供应商评估完成率达___% 2）供应商评估报告提交及时率达到100%
4. 建立合格的供应商资料库	◆ 企业运营需求情况、供应商供应信息、供应商能力分析报告	供应商资料库完整率达到___%
5. 维护与供应商之间的关系	◆ 供应商开发计划、供应商拜访记录、供应商考核结果	1）优秀供应商比例达到___% 2）月度供应商互访___次以上

6.3 采购供应类岗位结果标准体系设计

6.3.1 食品采购经理结果标准

职位名称：食品采购经理			评估时间： 年 月 日
结果项目	评估指标	权重	评估标准
采购计划与预算	采购计划完成率	10%	1. 采购计划完成率 = $\dfrac{\text{考核期内采购总金额（项目数）}}{\text{同期计划采购金额（项目数）}} \times 100\%$ 2. 采购计划完成率达____%；每较目标值减少____个百分点，该项考核扣____分；指标值低于____%，该项不得分
	采购计划编制及时率	5%	1. 采购计划编制及时率 = $\dfrac{\text{及时编制的采购计划数量}}{\text{应编制的采购计划总量}} \times 100\%$ 2. 指标目标值为100%，每较目标值减少____个百分点，该项考核扣____分；指标值低于____%，该项不得分
采购成本费用控制	采购费用节约率	10%	1. 采购费用节约率 = $\dfrac{\text{采购费用预算}-\text{实际采购支出}}{\text{采购费用预算}} \times 100\%$ 2. 采购费用节约率≥0，该项得满分；每较目标值减少____个百分点，该项考核扣____分；低于____%，该项不得分
	采购成本降低率	5%	1. 采购成本降低率 = $\dfrac{\text{上期采购成本}-\text{本期采购成本}}{\text{上期采购成本}} \times 100\%$ 2. 采购成本降低率≥____%，该项得满分 3. 当0≤采购成本降低率＜____%，该项得____~____分 4. 当____%≤采购成本降低率＜0，该项考核得____~____分 5. 当指标值小于____%，该项不得分
	库存周转率	5%	1. 库存周转率，又称库存周转次数，是指在一定时间（通常为一年）内库存循环使用的次数 2. 库存周转率达____次以上 3. 库存周转率为____~____次，该项得____~____分 4. 库存周转率＜____次，得60分及以下
供应商管理	供应商履约率	5%	1. 供应商履约率 = $\dfrac{\text{已履约合同数}}{\text{签订的合同总数}} \times 100\%$ 2. 供应商履约率达____%，该项得满分 3. 每较目标值减少____个百分点，该项考核扣____分 4. 指标值低于____%，该项不得分

续表

结果项目	评估指标	权重	评估标准
供应商管理	供应商资料完善率	5%	1. 供应商资料完善率＝$\frac{已收集的供应商资料数量}{应收集的供应商资料数量}×100\%$ 2. 指标值达＿＿%，该项得满分；每较目标值减少＿＿个百分点，该项扣＿＿分；指标值低于＿＿%，该项不得分
供应商管理	新开发供应商数量	5%	1. 新开发供应商数量不低于＿＿个 2. 每较目标值少一个，该项考核扣＿＿分 3. 新开发供应商数量低于＿＿个，该项考核不得分
采购价格管理	采购询价计划完成率	5%	1. 采购询价计划完成率达到＿＿%，该项得满分 2. 每较目标值减少＿＿个百分点，该项考核扣＿＿分 3. 指标值低于＿＿%，该项不得分
采购价格管理	食品采购价格合理性	5%	1. 食品采购价格不高于市场平均价，该项得满分 2. 食品采购价格每高于市场平均价＿＿%，该项扣＿＿分
订单履行过程管理	紧急订单响应率	5%	1. 紧急订单响应率＝$\frac{一定期限内采购交货的建材数}{已接紧急订单内的建材总数}×100\%$ 2. 紧急订单响应率达＿＿%以上，该项指标得满分 3. 当＿＿%≤紧急订单响应率<＿＿%，得＿＿~＿＿分 4. 当紧急订单响应率<＿＿%，该项不得分
订单履行过程管理	交货差错率	5%	1. 交货差错率＝$\frac{期内交货差错数}{期内交货总数}×100\%$ 2. 交货差错率≤＿＿%，该项得满分；每较目标值增加＿＿个百分点，该项考核扣＿＿分；当交货差错率＞＿＿%时，该项考核不得分
订单履行过程管理	交货延迟损失	5%	1. 交货延迟损失＝停工待料损失＋赶工加班费用＋顾客订单流失损失＋交货延迟紧急运输费用＋延迟期间货物调价损失＋其他因延迟交货造成的损失 2. 交货延迟损失≤＿＿元，该项得满分；当＿＿<交货延迟损失≤＿＿元，每高出＿＿元，扣除该项＿＿分 3. 当交货延迟损失金额＞＿＿元，该项不得分
食品安全控制	食品质量合格率	10%	1. 食品质量合格率＝$\frac{期内采购合格食品数量}{期内所采购食品总量}×100\%$ 2. 采购质量合格率达＿＿%，本项得满分；每较目标值减少＿＿个百分点，该项考核扣＿＿分；指标值低于＿＿%，该项不得分
食品安全控制	食品安全损失	5%	1. 食品安全损失是指食品安全事故或其他问题造成的企业、社会损失等的经济衡量 2. 食品安全损失≤＿＿元，该项得满分；当＿＿<食品安全损失≤＿＿元，每高出＿＿元，扣除该项＿＿分 3. 当食品安全损失金额＞＿＿元，该项不得分

续表

结果项目	评估指标	权重	评估标准
采购人员管理	采购培训计划完成率	5%	1. 采购培训计划完成率=$\frac{完成的采购培训数量}{计划采购培训数量} \times 100\%$ 2. 达到____%，该项得满分，每较目标值减少____个百分点，该项考核扣____分。 3. 指标值低于____%，该项不得分
采购人员管理	核心人才引进数量	5%	1. 核心人才引进数量不低于____个，该项得满分 2. 每较目标值少一个，该项考核扣____分 3. 核心人才引进数量低于____个，该项考核不得分

6.3.2　建材采购经理结果标准

职位名称：建材采购经理	评估时间：　　年　　月　　日

结果项目	评估指标	权重	评估标准
财务	采购费用节约率	10%	1. 采购费用节约率=$\frac{采购费用预算-实际采购支出}{采购费用预算} \times 100\%$ 2. 采购费用节约率≥0，该项得满分；每较目标值减少____个百分点，该项考核扣____分；指标值低于____%，该项不得分
财务	采购成本降低率	5%	1. 采购成本降低率=$\frac{上期采购成本-本期采购成本}{上期采购成本} \times 100\%$ 2. 采购成本降低率≥____%，该项得满分 3. 当0≤采购成本降低率<____%，该项得____~____分 4. 当____%≤采购成本降低率<0，该项考核得____~____分 5. 当指标值小于____%，该项不得分
运营	采购计划完成率	10%	1. 采购计划完成率=$\frac{考核期内采购总金额（项目数）}{同期计划采购金额（项目数）} \times 100\%$ 2. 采购计划完成率达____%；每较目标值减少____个百分点，该项考核扣____分；指标值低于____%，该项不得分
运营	采购招标目标达成率	5%	1. 采购招标目标达成率达____% 2. 每较目标值减少____个百分点，该项考核扣____分 3. 指标值低于____%，该项不得分
运营	建筑材料价格合理性	10%	1. 采购的建材价格不高于市场平均价 2. 采购的建材价格每高于市场平均价____%，该项扣____分，扣完为止
运营	建材质量合格率	10%	1. 建材质量合格率=$\frac{期内采购的合格建材数量}{期内所采购建材总量} \times 100\%$ 2. 建材质量合格率达____%，本项得满分；每较目标值减少____个百分点，该项考核扣____分；指标值低于____%，该项不得分

第6章 采购供应类岗位任职资格标准体系

续表

结果项目	评估指标	权重	评估标准
运营	紧急订单响应率	5%	1. 紧急订单响应率达＿＿％以上，该项指标得满分 2. 当＿＿％≤紧急订单响应率＜＿＿％，得＿＿～＿＿分 3. 当＿＿％≤紧急订单响应率＜＿＿％，得＿＿～＿＿分 4. 紧急订单响应率＜＿＿％，该项不得分
	库存周转率	5%	1. 库存周转率，又称库存周转次数，是指在一定时间（通常为一年）内库存循环使用的次数 2. 库存周转率达＿＿次以上；库存周转率为＿＿～＿＿次，该项得＿＿～＿＿分；库存周转率＜＿＿次，得60分及以下
	交货差错率	5%	1. 交货差错率＝$\dfrac{期内交货差错数}{期内交货总数}\times 100\%$ 2. 交货差错率≤＿＿％，该项得满分；每较目标值增加＿＿个百分点，该项考核扣＿＿分；当交货差错率＞＿＿％时，该项考核不得分
	交货延迟损失	10%	1. 交货延迟损失＝停工待料损失＋赶工加班费用＋顾客订单流失损失＋交货延迟紧急运输费用＋延迟期间货物调价损失＋其他因延迟交货造成的损失 2. 交货延迟损失≤＿＿元；当＿＿元＜交货延迟损失≤＿＿元，每高出＿＿元，扣除该项考核分＿＿分 3. 当交货延迟损失金额＞＿＿元，该项不得分
	责任缺货次数	5%	1. 责任缺货次数为0，该项得满分 2. 责任缺货率每增加＿＿次，该项扣＿＿分 3. 当责任或缺货率＞＿＿次，该项不得分
客户	供应商履约率	5%	1. 供应商履约率＝$\dfrac{已履约合同数}{签订的合同总数}\times 100\%$ 2. 供应商履约率达＿＿％，每较目标值减少＿＿个百分点，该项考核扣＿＿分；指标值低于＿＿％，该项不得分
	新开发供应商数量	5%	1. 新开发供应商数量不低于＿＿个 2. 每较目标值少一个，该项考核扣＿＿分 3. 新开发供应商数量低于＿＿个，该项考核不得分
学习发展	采购人员任职资格达标率	5%	1. 采购人员任职资格达标率达到＿＿％ 2. 每较目标值减少＿＿个百分点，该项考核扣＿＿分 3. 指标值低于＿＿％，该项不得分
	核心人才引进数量	5%	1. 核心人才引进数量不低于＿＿个 2. 每较目标值少一个，该项考核扣＿＿分 3. 核心人才引进数量低于＿＿个，该项考核不得分

6.3.3 设备采购经理结果标准

职位名称：设备采购经理			评估时间：　　年　月　日

结果项目	评估指标	权重	评估标准
制定设备采购制度	设备采购制度制定及时率	5%	1. 设备采购制度制定及时率 $=\dfrac{\text{考核期内及时制定的设备采购制度数量}}{\text{同期应制定的设备采购制度总量}} \times 100\%$ 2. 设备采购制度制定及时率达100%，每降低＿＿%扣＿＿分
设备采购业务管理	设备采购及时率	15%	1. 设备采购及时率 $=\dfrac{\text{规定时间内完成设备采购订单数}}{\text{应完成设备采购订单总数}} \times 100\%$ 2. 设备采购及时率达100%，每降低＿＿%扣＿＿分；采购及时率＜＿＿%时，得0分
	设备采购差错率	10%	1. 设备采购差错率 $=\dfrac{\text{出现问题设备的金额}}{\text{设备采购总金额}} \times 100\%$ 2. 采购差错率目标值为0，每增加＿＿%扣＿＿分
设备采购计划管理	设备采购计划完成率	15%	1. 设备采购计划完成率 $=\dfrac{\text{考核期内完成设备采购数量}}{\text{同期计划采购设备数量}} \times 100\%$ 2. 设备采购计划完成率目标值为100%；＿＿%≤设备采购计划完成率＜100%，得＿＿分；设备采购计划完成率＜＿＿%，得0分
	设备采购计划编制及时率	10%	1. 设备采购计划编制及时率 $=\dfrac{\text{考核期内及时编制的设备采购计划数量}}{\text{同期应编制的设备采购计划总量}} \times 100\%$ 2. 设备采购计划编制及时率达100%，每降低＿＿%扣＿＿分
设备采购质量管理	设备采购质量合格率	10%	1. 设备采购质量合格率 $=\dfrac{\text{采购设备合格数量}}{\text{设备采购总数量}} \times 100\%$ 2. 设备采购质量合格率达100%，每降低＿＿%扣＿＿分；设备采购质量合格率＜＿＿%，得0分
设备采购费用管理	设备采购费用降低目标达成率	10%	1. 设备采购费用降低目标达成率 $=\dfrac{\text{设备采购成本费用实际降低额}}{\text{设备采购成本费用目标降低额}}$ 2. 费用降低目标达成率≥100%，得满分；＿＿%≤采购成本降低率＜100%，该项得＿＿分；费用降低目标达成率＜＿＿%，该项不得分
重要设备采购管理	重要设备购置率	5%	1. 重要设备购置率 $=\dfrac{\text{采购的重大设备数量}}{\text{应采购的重大设备数}} \times 100\%$ 2. 重要设备购置率达100%，购置率＜100%，得0分

续表

结果项目	评估指标	权重	评估标准
设备供应商管理	设备供应商开发计划完成率	5%	1. 设备供应商开发计划完成率＝$\frac{实际开发数量}{计划开发数量}×100\%$ 2. 供应商开发计划完成率达100%，得满分；＿＿%≤供应商开发计划完成率＜100%，得＿＿～＿＿分；供应商开发计划完成率＜＿＿%，得0分
	设备供应商归档及时性	5%	不及时次数为0，得100分，每发现一次不及时情况扣＿＿分；超过＿＿次此项得分为0
	设备供应商资料完整性	5%	不详细处数为0，得100分，每发现一次不规范处扣＿＿分；超过＿＿次此项得分为0
员工管理	员工技能提升率	5%	1. 员工技能提升率 ＝$\frac{年末技能评估得分－年初技能评估得分}{年初技能评估得分}×100\%$ 2. 考核期内下属员工工作技能提升率达＿＿%，每降低＿＿%，扣＿＿分

6.3.4 医药采购经理结果标准

职位名称：医药采购经理	评估时间：　　年　月　日

结果项目	评估指标	权重	评估标准
编制采购计划	采购计划编制及时率	15%	1. 采购计划编制及时率＝$\frac{及时提交的采购计划}{应提交的采购计划总量}×100\%$ 2. 未在规定时间内完成计划编制，每出现一次扣＿＿分，扣完为止
	采购计划完成率	20%	1. 采购计划完成率＝$\frac{完成的采购项目数}{计划采购项目数}×100\%$ 2. 采购计划完成率达100%，该项得满分，每降低＿＿%，扣＿＿分，低于＿＿%，此项得分为0
采购成本控制	采购成本控制率	15%	1. 采购成本控制＝$\frac{采购实际发生成本}{采购预算成本}×100\%$ 2. 采购成本控制率≤100%，得满分 3. 100%＜采购成控置率≤＿＿%，每增加＿＿%扣＿＿分 4. 采购成本控制率≥＿＿%，该项不得分

续表

结果项目	评估指标	权重	评估标准
采购工作实施管理	采购及时率	10%	1. 采购及时率=$\frac{及时交付的医药采购数量}{计划采购的总数量}\times100\%$ 2. 采购及时率达___%以上，该项考核指标得满分，每降低___%，扣___分，低于___%，此项得分为0
采购工作实施管理	供应商履约率	10%	1. 供应商履约率=$\frac{已履约合同数}{签订的合同总数}\times100\%$ 2. 供应商履约率达100%；供应商履约率在[___%，___%]，每降低___%，扣___分；低于___%，此项得分为0
采购工作实施管理	采购合同执行率	10%	1. 采购合同执行率=$\frac{已完成的工作项数}{计划的工作项数}\times100\%$ 2. 目标值为100%，每降低___%扣___分，低于___%得0分
采购工作实施管理	采购物资合格率	10%	1. 采购物资合格率=$\frac{采购物资合格数}{采购物资的总数}\times100\%$ 2. 采购物资合格率达100%，每降低___%，扣___分
员工管理	员工培训计划完成率	10%	1. 员工培训计划完成率=$\frac{实际培训人数}{计划培训总人数}\times100\%$ 2. 培训计划完成率达到___%，每降低___%，扣___分，低于___%，此项目为0

6.3.5 采购成本主管结果标准

职位名称：采购成本主管	评估时间： 年 月 日

结果项目	评估指标	权重	评估标准
采购成本分析管理	成本核算分析出现错误次数	20%	1. 成本核算分析中出现错误的次数是指考核期内成本核算分析中出现错误的次数之和 2. 目标值为0次，出现错误的次数每超过___次扣___分，若错误次数超过___次得0分
采购成本控制管理	采购成本降低率	20%	1. 采购成本降低率 =$\frac{上期采购成本-本期采购成本}{上期采购成本}\times100\%$ 2. 采购成本降低率≥___%，该项得满分；当0≤采购成本降低率<___%，该项___~___分；当___%≤采购成本降低率<0，该项考核得___~___分 3. 当指标值小于___%，该项不得分
采购成本控制管理	采购成本控制目标制定及时率	10%	1. 采购成本控制目标制定及时率 =$\frac{目标制定实际所用的天数}{目标制订计划所用的天数}\times100\%$ 2. 采购成本控制目标制定及时率≤1，得满分；采购成本控制目标制定及时率>1，扣___分

续表

结果项目	评估指标	权重	评估标准
采购成本控制管理	采购成本控制计划编制及时率	10%	1. 采购成本控制计划编制及时率 $=\dfrac{\text{考核期内及时编制的计划数量}}{\text{同期应编制的计划总量}} \times 100\%$ 2. 采购成本控制计划编制及时率达100%，每降低____%扣____分
采购成本控制管理	采购成本控制计划落实率	10%	1. 采购成本控制计划落实率 $=\dfrac{\text{落实的采购成本控制计划数量}}{\text{采购成本控制计划总数量}} \times 100\%$ 2. 目标值应达100%，每降低____%扣____分
采购成本控制管理	采购成本控制报告编制及时率	10%	1. 采购成本控制报告编制及时率 $=\dfrac{\text{及时提交的成本控制报告数量}}{\text{应提交的成本控制报告总数}} \times 100\%$ 2. 采购成本控制报告编制及时率达100%，每降低____%扣____分，低于____%得0分
采购成本方案制订	降低采购成本方案可行性评分	10%	1. 指采购评价小组对降低采购成本方案的可行性评分的平均值 2. 方案可行性评分≥____分，本项得满分；当____分≤方案可行性评分<____分，本项得____分；方案可行性评分<____分，得0分
部门培训管理	培训计划完成率	10%	1. 培训计划完成率 $=\dfrac{\text{实际完成的培训项目（次数）}}{\text{计划培训的项目（次数）}} \times 100\%$ 2. 培训计划完成率达100%，每降低____%扣____分

6.3.6 采购预算主管结果标准

职位名称：采购预算主管	评估时间：　年　月　日

结果项目	评估指标	权重	评估标准
采购预算编制管理	采购费用预算差异率	20%	1. 采购费用预算差异率 $=\left(1-\dfrac{\text{实际采购成本费用}}{\text{预算采购成本费用}}\right) \times 100\%$ 2. 采购费用预算差异率目标值为0，每增加或降低____%扣____分
采购预算编制管理	采购预算编制及时率	15%	1. 采购预算编制及时率 $=\dfrac{\text{在规定时间内提交的采购预算份数}}{\text{同期应提交的采购预算总份数}} \times 100\%$ 2. 采购预算编制及时率达100%，每降低____%扣____分

续表

结果项目	评估指标	权重	评估标准
采购预算相关信息收集	信息收集完整率	15%	1. 信息收集完整率=$\dfrac{实际收集的信息数目}{计划收集的信息数目}\times100\%$ 2. 信息收集完整率达100%，每降低____%扣____分
采购预算分析管理	预算分析错误次数	15%	1. 预算分析错误次数是指在考核期内预算分析过程中得出错误结论的总次数 2. 预算分析错误次数目标值为____次，错误次数≤____次，得满分；____次＜错误次数≤____次，该项考核得____～____分；错误次数＞____次，该项考核得0分
	预算分析报告提交及时率	15%	1. 预算分析报告提交及时率=$\dfrac{及时提交的预算分析报告数量}{应提交的预算分析报告数量}\times100\%$ 2. 目标值应达100%，每降低____%扣____分
预算调整管理	预算调整方案可行性评分	10%	1. 指相关人员对预算调整方案进行可行性评价，得出的评价分数的平均值 2. 方案可行性评分≥____分，得满分；可行性评分每降低1分，扣____分；方案可行性评分＜____分，得0分
	调整频率	10%	1. 调整频率指考核期内预算调整的次数 2. 目标值为每考核期至多调整____次，超过得0分

6.3.7 采购质控主管结果标准

职位名称：采购质控主管			评估时间：　年　月　日

结果项目	评估指标	权重	评估标准
物资检验实施	质检计划完成率	15%	1. 质检计划完成率=$\dfrac{按时完成的工作量}{计划工作总量}\times100\%$ 2. 目标值为____%，每降低____%扣____分，低于____%得0
	检验及时率	15%	1. 质检完成及时率=$\dfrac{质检及时完成次数}{检验总次数}\times100\%$ 2. 目标值为____%，每降低____%扣____分，低于____%得0
	漏检次数	10%	及时组织物资检验工作，漏检发生次数在____次以下，否则，减____分/次
	检验准确率	10%	1. 检验准确率=$\dfrac{质量检验准确的次数}{质量检验的总次数}\times100\%$ 2. 目标值为____%，每降低____%扣____分，低于____%得0
质量成本控制	质量成本控制率	15%	1. 质量成本控制率=$\dfrac{实际发生的费用}{预算费用}\times100\%$ 2. 质量成本控制率每高出____%个百分点扣____分

第6章 采购供应类岗位任职资格标准体系

结果项目	评估指标	权重	评估标准
质量问题	处理质量问题及时性	15%	未在规定时间内对问题进行处理,每出现一次扣___分,扣完为止
质量改善建议	物资质量改善意见或建议被采纳满意度	10%	1. 对合理化建议频度的满意度评价得分(20%) 2. 对合理化建议的有效性的满意度评价得分(40%) 3. 对合理化建议的创新性的满意度评价得分(40%) 4. 该项得分=(1)×20%+(2)×40%+(3)×40%
物资质量信息管理	采购质量记录及时性	5%	1. 不及时次数为0,得100分 2. 每发现一次不及时情况扣___分;超过___次此项得分为0
	质量记录完整性	5%	1. 不规范次数为0,得100分 2. 每发现一次不完整性情况扣___分;超过___次此项得分为0

6.3.8 采购合同主管结果标准

职位名称:采购合同主管	评估时间:　年　月　日

结果项目	评估指标	权重	评估标准
价格与合同体系建设	采购价格和合同管理体系建设及时率	15%	1. 采购价格和合同管理体系建设及时率 $=\dfrac{\text{体系建设完成的时间}}{\text{体系建设规定时间}}\times 100\%$ 2. 目标值为___%,每降低___%扣___分,低___%得0
采购合同编制	采购合同制定及时率	15%	1. 采购合同制定及时率$=\dfrac{\text{及时制定采购合同时间}}{\text{制定采购合同规定时间}}\times 100\%$ 2. 采购合同的提交每延误一次,扣___分;扣完为止,不出现负分
	采购合同内容出错次数	10%	1. 目标值为___次,得___分 2. 出现错误次数每超过目标值___次扣___分,若错误次数超过___次得0
采购价格控制	采购价格合理性	15%	1. 根据市场最高、最低价及平均价,企业自行估计并制定这一标准价格对应的分数 2. 每高出标准价格___%,减___分;每降低出标准价格___%,加___分
采购合同执行	采购合同执行率	15%	1. 采购合同执行率$=\dfrac{\text{已完成的工作项数}}{\text{计划的工作项数}}\times 100\%$ 2. 目标值为___%,每增加___%扣___分,低于___分得0

续表

结果项目	评估指标	权重	评估标准
采购合同执行	采购合同纠纷出现次数	10%	1. 合同纠纷次数控制在___次内，得满分 2. 出现纠纷次数每增加1次扣___分 3. 若错误次数超过___次，本项得分为0
采购价格分析	采购价格分析报告提交及时率	10%	1. 采购价格分析报告提交及时率 $=\dfrac{\text{及时提交采购价格分析报告数}}{\text{提交的采购价格分析报告总数}}\times 100\%$ 2. 指标值达100%，得满分；每较目标值减少___%，本项扣___分，扣完为止
采购合同资料归档管理	采购合同归档及时率	5%	1. 不及时次数为0，得100分 2. 每发现一次不及时情况扣___分；超过___次此项得分为0
	采购合同范本规范性	5%	1. 不规范处数为0，得100分 2. 每发现一次不规范处扣___分；超过___次此项得分为0

6.3.9 供应商管理主管结果标准

| 职位名称：供应商管理主管 | | | 评估时间：　　年　月　日 |

结果项目	评估指标	权重	评估标准
供应商开发	供应商开发计划完成率	15%	1. 供应商开发计划完成率 $=\dfrac{\text{实际开发数量}}{\text{计划开发数量}}\times 100\%$ 2. 开发计划完成率达到100%，如有延迟，减___分/次
	新开发供应商数	5%	1. 每种物资的供应商必须达到___家以上 2. 增加合格供应商的数量，增加___家新供应商 3. 上述指标有1项未达成，减___分
	优秀供应商比例	5%	目标值为___%，每降低___个百分点扣___分
供应商管理与控制	供应商履约率	10%	1. 供应商履约率 $=\dfrac{\text{实际履约次数}}{\text{总的履约次数}}\times 100\%$ 2. 供应商履约率达到___%，得满分 3. 履约率每降低___个百分点，扣___分
	采购质量合格率	10%	1. 采购质量合格率 $=\dfrac{\text{实际采购物资合格次数}}{\text{总采购合格次数}}\times 100\%$ 2. 采购质量合格率达___%，得满分；每较目标值减少___%，扣___分，扣完为止

续表

结果项目	评估指标	权重	评估标准
供应商管理与控制	供货及时率	5%	1. 供应商供货及时率＝$\frac{\text{交货及时批数}}{\text{交货总批数}} \times 100\%$ 2. 供货及时率达到____%；每较目标值减少____个百分点，扣除____分，扣完为止
供应商管理与控制	平均供货时间	5%	1. 控制在____天以内 2. 每较目标值增加1天，扣____分，扣完为止
供应商成本费用管理	供应商成本降低目标达成率	10%	1. 供应商成本降低目标达成率＝$\frac{\text{成本实际减低额}}{\text{成本目标减低额}} \times 100\%$ 2. 目标值为____%，达到目标得满分，每降低____%扣____分，低于____%得0分
供应商成本费用管理	供应商开发费用预算超支率	10%	1. 供应商开发费用预算超支率 ＝$\frac{\text{开发预算金额－开发实际金额}}{\text{开发预算金额}} \times 100\%$ 2. 开发费用每超出预算____%以内，扣____分
供应商评估	评估报告出错次数	10%	目标值应控制在____次以内，出现错误的次数每一次，扣除____分，若错误次数超过____次得0
供应商评估	供应商评估报告提交及时率	5%	1. 评估报告提交及时率＝$\frac{\text{及时提交的评估报告}}{\text{提交的评估报告总量}} \times 100\%$ 2. 未在规定时间内完成报告，每出现一次扣____分，扣完为止
供应商资料管理	供应商资料库详细性	5%	1. 不规范次数为0，本项得100分 2. 每发现一次资料不详细情况扣____分；超过____次此项得分为0
供应商资料管理	供应商资料库更新及时性	5%	1. 更新不及时次数为0，本项得100分 2. 每发现一次更新不及时情况扣____分；超过____次此项得分为0

第 7 章

仓储物流类岗位任职资格标准体系

7.1 仓储物流类岗位胜任标准体系设计

7.1.1 物流经理胜任标准

职位基本信息			
职位名称：物流经理 所属部门：		职位编号： 直接上级：	

胜任项	胜任子项	具体要求	
学历	学习形式	☑全日制　□函授　□自考　□夜大	
	学历层次	□博士　□硕士　☑本科　□专科　□高职高专　□中专	
知识	专业知识	物流管理、储运管理等相关专业	
	业务知识	1. 熟悉物流、运输及仓储管理流程 2. 掌握运输路线和储位规划的专业知识 3. 了解各类存储方法和运输方式	
	基础知识	熟悉仓储及运输交通相关法律法规，熟悉公文写作的基本常识	
经验	工作经验	3年以上大型企业仓储运输管理工作经验	
	培训经历	经过专门机构或大型企业针对仓储运输管理的专业实操培训且考评成绩优秀	
能力	基础能力	能够熟练操作办公软件，具备基本公文写作知识	
	通用能力	具有统筹规划能力、组织协调能力、问题分析与解决能力、计划管理能力	
	管理能力	具有决策能力、目标管理能力、团队建设能力、激励能力、督导能力	
技能	上岗技能	具备物流师资格证书	
	业务技能	具有线路规划能力及成本控制能力	
素养	自身素养	具有主动性、自律性以及较高的职业道德意识和公正的社会道德观念	
	职业素养	具有成就导向、企业忠诚度、成本意识、敬业精神以及严谨求实的职业素养	

7.1.2 运输主管胜任标准

职位基本信息	
职位名称：运输主管 所属部门：	职位编号： 直接上级：

胜任项	胜任子项	具体要求
学历	学习形式	☑全日制　□函授　□自考　□夜大
	学历层次	□博士　□硕士　☑本科　□专科　□高职高专　□中专
知识	专业知识	物流管理及运输管理等相关专业
	业务知识	1. 熟悉物流经营管理业务流程 2. 掌握运输路线规划及运输安全管理等专业知识 3. 了解各类运输方式及周边道路情况
	基础知识	熟悉运输及交通安全相关法律法规，熟悉公文写作的基本常识
经验	工作经验	两年以上大型企业物流运输管理工作经验
	培训经历	经过专门机构或大型企业针对物流运输管理的专业实操培训且考评成绩优秀
能力	基础能力	能够熟练操作办公软件、ERP系统、GPS监控软件，具备基本公文写作知识
	通用能力	具备较强的执行能力、沟通能力、组织协调能力、问题分析与解决能力、计划管理能力、应变能力以及信息管理能力
	管理能力	规划统筹能力、目标管理能力、团队建设能力、激励能力、督导能力、教练能力
技能	上岗技能	具备物流师资格证书或汽车运输调度员资格证书
	业务技能	具有运输线路规划能力、运输安全管理能力以及固定资产管理能力
素养	自身素养	具有主动性、自律性以及较高的职业道德意识和良好的社会道德观念
	职业素养	具有成就导向、企业忠诚度、成本意识、敬业精神以及严谨求实的职业素养

7.1.3 仓储主管胜任标准

职位基本信息	
职位名称：仓储主管 所属部门：	职位编号： 直接上级：

胜任项	胜任子项	具体要求
学历	学习形式	☑全日制　□函授　□自考　□夜大
	学历层次	□博士　□硕士　□本科　☑专科　□高职高专　□中专
知识	专业知识	物流管理及仓储管理相关专业
	业务知识	1. 熟悉物资出入库管理及库存管理业务等工作流程 2. 熟练掌握仓库管理、储位规划的相关知识及库存物资保管等专业知识 3. 了解各类装卸堆垛方式以及仓储设备的运用方法
	基础知识	熟悉仓储及与仓储安全相关的法律法规，熟知企业安全管理规范
经验	工作经验	两年以上中等规模以上企业仓库管理工作经验
	培训经历	经过专门培训机构或企业针对仓库管理的专业实操培训
能力	基础能力	能够熟练操作 Word、Excel、企业进销存管理软件，具备基本公文写作能力
	通用能力	具备较强的执行能力、组织协调能力、计划管理能力以及应变能力
	管理能力	具备规划统筹能力、目标管理能力以及库存控制能力
技能	上岗技能	持有物流员资格证书
	业务技能	具有较强的储位规划能力、现场管理能力、物资管理能力、库内作业调度能力
素养	自身素养	具有自律性、较高的职业道德意识和良好的社会道德观念
	职业素养	具有企业忠诚度、成本意识、敬业精神以及风险防范意识

7.1.4 盘点主管胜任标准

职位基本信息	
职位名称：盘点主管 所属部门：	职位编号： 直接上级：

胜任项	胜任子项	具体要求
学历	学习形式	☑全日制　□函授　□自考　□夜大
	学历层次	□博士　□硕士　□本科　□专科　□高职高专　☑中专
知识	专业知识	财务管理、会计、物流管理等相关专业
	业务知识	1. 熟悉物资盘点业务以及仓库财务核算业务等工作流程 2. 熟练掌握仓库盘点方法以及仓库成本核算等专业知识 3. 了解企业物资仓储特点
	基础知识	熟悉企业仓储管理规范以及会计核算的相关法律法规
经验	工作经验	一年以上仓库管理工作经验，或一年以上财务会计相关工作经验
	培训经历	经过专业培训机构的系统化成本核算培训
能力	基础能力	熟练使用 Excel 办公软件以及 ERP 系统
	通用能力	具备较强的执行能力、组织协调能力、问题分析与解决能力、创新能力
	管理能力	具备良好的决策能力、控制能力
技能	上岗技能	具备会计从业人员资格证，或物流员资格证
	业务技能	具有良好的盘点规划能力、成本核算能力、物资管理能力
素养	自身素养	具有自律性、较高的职业道德意识和良好的社会道德观念
	职业素养	具有企业忠诚度、成本意识、敬业精神以及严谨求实的职业素养

7.1.5 配送主管胜任标准

职位基本信息	
职位名称：配送主管 所属部门：	职位编号： 直接上级：

胜任项	胜任子项	具体要求
学历	学习形式	☑全日制　□函授　□自考　□夜大
	学历层次	□博士　□硕士　□本科　☑专科　□高职高专　□中专
知识	专业知识	物流、运输及仓储管理等相关专业
	业务知识	1. 熟悉物流配送业务流程 2. 掌握运输、配送以及调度等方面的专业知识 3. 掌握物资配送各环节的业务技能
	基础知识	熟悉国家关于运输以及运输安全的相关法律法规
经验	工作经验	两年以上中等规模以上企业货物配送工作经验
	培训经历	经过专门培训机构或大型企业针对物资配送的专业实操培训
能力	基础能力	熟练使用办公软件、ERP系统、物流管理软件
	通用能力	沟通能力、组织协调能力、问题分析与解决能力、计划管理能力、应变能力
	管理能力	决策能力、目标管理能力、团队建设能力、激励能力、督导能力
技能	上岗技能	具备物流员资格证书
	业务技能	具有运输线路规划能力、运输安全管理能力、物资配载技能
素养	自身素养	具有主动性及较高的职业道德意识和良好的社会道德观念
	职业素养	具有成就导向、团队意识、成本意识、敬业精神以及客户意识

7.2 仓储物流类岗位工作标准体系设计

7.2.1 物流经理工作标准

工作事项	工作依据与规范	工作成果或目标
1. 物流计划管理	◆ 上年度的部门物流运营数据，本年度企业经营预算方案、部门分项业务管理目标、物流预算编制方法、计划编制规范	1) 编制物流管理和预算计划 2) 物流计划完成率达到___% 3) 物流预算执行率低于___%
2. 运输管理	◆ 上年度的运输管理数据、成本核算办法、制度编制规范、运输管理制度、成本核算办法	1) 编制运输管理制度 2) 物资准时送达率达___% 3) 单位运输成本低于___元
3. 仓储管理	◆ 上年度的仓储运营数据、制度编制规范、成本核算办法、日常仓库管理制度	1) 编制仓库管理制度 2) 单位仓储成本低于___万元 3) 货损金额控制在___万元内
4. 库存管理	◆ 库存控制管理制度，企业年度经营计划、仓库日常管理制度、库存警戒点设定方法、库存货物分类管理方案、成本核算办法	1) 编制库存管理制度 2) 库存信息准确率达___% 3) 物资缺货次数低于___次
5. 配送管理	◆ 上年度的仓储运营数据、制度编制规范、成本核算办法、日常仓库管理制度	1) 编制配送管理制度 2) 配送及时率达到___% 3) 配送差错率低于___%
6. 安全管理	◆ 上年度部门安全事故总数、运输人员安全管理规范、装卸搬运人员安全管理手册、部门安全管理目标	1) 编制和完善安全管理制度 2) 物流安全事故低于___次
7. 人员管理	◆ 物流部门人员管理目标、计划编制规范、物流人员培训管理制度、物流人员培训体系、物流人员绩效管理制度	1) 编制物流人员管理计划 2) 部门成员考核合格率达到___% 3) 核心员工离职率低于___%

7.2.2 运输主管工作标准

工作事项	工作依据与规范	工作成果或目标
1. 运输业务管理	◆ 上一年度运输业务管理数据，货物运输管理制度和流程、运输调度管理制度、运输人员工作守则	1) 编制年度运输业务计划 2) 运输任务完成率达____% 3) 企业运力利用率达____%
2. 运输成本管理	◆ 上一年度运输成本数据，部门预算方案、运输管理制度、成本核算办法	1) 编制年度运输预算计划 2) 单位运输成本低于____元
3. 运输车辆管理	◆ 车辆运营历史数据，运输车辆管理制度、车辆状况检查表、运输安全管理规范	1) 车辆利用率标准为____% 2) 车辆完好率为____%
4. 运输安全管理	◆ 上一年度运输事故情况，本年度交通法律法规更新、企业及部门安全管理制度及计划、运输人员工作守则、运输人员安全责任书	1) 运输事故发生率低于____% 2) 交通事故损失额控制在____万元以内
5. 文档管理	◆ 企业档案管理制度、运输管理制度、企业报告审批制度和流程、层级管理权限	1) 运输报告提交及时率达到____% 2) 运输资料档案完整率达到____%

7.2.3 仓储主管工作标准

工作事项	工作依据与规范	工作成果或目标
1. 物资出入库管理	◆ 物资出入库管理规定，入库通知单、货物出库单，仓库日常管理制度	1) 仓库面积利用率达____% 2) 出入库差错率低于____%
2. 仓库规划管理	◆ 仓库日常管理规定、仓储空间规划影响因素分析表、货物储存安排指导方案	1) 进行仓库场地规划 2) 仓库面积利用率达____%
3. 装卸搬运管理	◆ 装卸搬运工作管理制度和流程，仓储操作规范化管理制度、装卸搬运人员安全管理手册	1) 编制物资验收制度和规范 2) 装卸搬运作业效率应达到____吨/小时 3) 装卸搬运货损率低于____%

第7章 仓储物流类岗位任职资格标准体系

续表

工作事项	工作依据与规范	工作成果或目标
4. 作业安全管理	◆ 上年度的仓储操作事故记录，企业安全管理制度、仓储操作规范化管理制度、装卸搬运人员安全管理手册、仓库日常管理规定	1）仓储操作违规率低于____% 2）装卸搬运事故发生次数控制在____次以内
5. 仓储设备管理	◆ 企业现代化管理发展计划、企业安全管理制度、设备操作规范、设备定期维修保养计划	1）设备使用率达到____% 2）机械作业比重达到____%
6. 库内物资保管	◆ 进销存数据、库内物资账卡、仓储物资保管作业制度、仓储物资呆废料管理办法	1）库内环境达标率高于____% 2）库存货损率低于____%

7.2.4 盘点主管工作标准

工作事项	工作依据与规范	工作成果或目标
1. 库存管理	◆ 库存台账管理制度、库存控制管理制度，企业年度经营计划、仓库日常管理制度、库存警戒点设定方法、库存货物分类管理方案	1）设置合理的库存警戒点 2）缺货次数控制在____次以内
2. 盘点管理	◆ 货物盘点管理制度、仓库日常管理制度、库存货物分类管理方案	1）物资盘点准确率达到____% 2）物资盘点及时率达到____%
3. 仓储成本管理	◆ 上年度的仓储成本数据，本年度企业及部门成本控制目标与计划、会计成本核算办法、库存台账	1）编制仓储成本预算计划 2）单位仓储成本低于____元
4. 物资台账管理	◆ 库存台账管理制度、企业信息管理制度、仓库日常管理制度	1）账实相符率为____% 2）台账更新及时率达到____%

7.2.5 配送主管工作标准

工作事项	工作依据与规范	工作成果或目标
1. 配送计划管理	◆ 上年度经营计划、配送计划，本年度企业经营计划、配送部门工作计划、车辆管理制度	1）编制配送计划管理制度 2）配送计划完成率为____%
2. 配送业务管理	◆ 企业上年度配送运营数据，本年度企业经营计划、配送管理目标、备货提货管理制度、流通加工管理制度、配送作业管理制度、客户管理制度	1）配送准时率达到____% 2）配送货损率控制在____%内

续表

3. 配送成本管理	◆ 上一年度配送成本数据，部门预算方案、配送管理制度、成本核算办法	1）编制配送成本控制方案 2）单位运输成本低于____元
4. 客户管理	◆ 企业形象、现年度企业客户管理目标和制度、客户等级分类、配送管理制度	1）制定配送客户管理制度 2）客户满意率达到____%
5. 文档管理	◆ 企业档案管理制度、配送管理制度、企业报告审批制度和流程、层级管理权限	1）报告提交及时率达到____% 2）配送资料完整率达到____%

7.3 仓储物流类岗位结果标准体系设计

7.3.1 物流经理结果标准

职位名称：物流经理			评估时间：　年　月　日

结果项目	评估指标	权重	评估标准
计划管理	物流计划完成率	10%	1. 物流计划完成率 = $\frac{物流计划完成项目数}{物流计划项目数} \times 100\%$ 2. 物流计划完成率达到____%，每降低____个百分点扣____分
	分管部门业务达标率	10%	1. 分管部门业务达标率 = $\frac{各下属部门业务达标数}{分管部门个数} \times 100\%$ 2. 分管部门业务达标率达到____%，每降低____%扣____分
制度管理	部门制度全面率	5%	1. 部门制度全面率 = $\frac{实际具备制度个数}{部门制度标准个数} \times 100\%$ 2. 部门制度全面率应达到____%，每降低____%扣____分
成本管理	部门预算执行率	10%	1. 部门预算执行率 = $\frac{年度部门实际发生费用}{年度部门预算} \times 100\%$ 2. 部门预算执行率控制在____%以内，每超出____个百分点扣____分
	分管部门预算达标率	10%	1. 分管部门预算达标率 = $\frac{各下属部门预算达标数}{分管部门个数} \times 100\%$ 2. 分管部门预算达标率达到____%，每降低____%扣____分

续表

结果项目	评估指标	权重	评估标准
安全管理	安全制度完整率	10%	1. 安全制度完整率=1－$\dfrac{安全条款欠缺项目数}{安全条款标准项目数}$×100% 2. 安全制度完整率达到___%，每降低___个百分点扣___分
安全管理	物流事故发生次数	10%	1. 物流事故发生次数为评价部门主管对部门整体安全管理的控制力度和水平 2. 物流事故发生次数控制在每年___次以内，每超出___次，扣___分
安全管理	货损总金额	10%	1. 货损总金额为评价部门主管对部门整体安全管理的控制力度和水平 2. 货损总金额控制在___万元内，每超出___万元，扣___分
人员管理	部门培训次数	5%	1. 部门培训次数为评价部门主管对下属员工的职业技能培养重视程度和人员管理能力 2. 部门培训次数每年应达到___次，每降低___次，扣___分
人员管理	部门成员考核合格率	5%	1. 部门成员考核合格率=$\dfrac{考核合格部门员工总数}{部门总员工数}$×100% 2. 部门成员考核合格率目标值为___%，每降低___个百分点扣___分
人员管理	核心员工离职率	5%	1. 核心员工离职率=$\dfrac{在职3年以上员工离职人数}{在职3年以上员工总数}$×100% 2. 核心员工离职率应控制在___%以内，每超出___个百分点扣___分
报告管理	业务报告审批及时率	5%	1. 业务报告审批及时率=$\dfrac{及时审批报告数}{总审批报告数}$×100% 2. 业务报告审批及时率目标值为___%，每降低___个百分点扣___分
报告管理	业务报告提交及时率	5%	1. 业务报告提交及时率=$\dfrac{部门内及时提交报告数}{部门总提交报告数}$×100% 2. 业务报告提交及时率目标值为___%，每降低___个百分点扣___分

7.3.2 运输主管结果标准

职位名称:运输主管			评估时间:　　年　月　日

结果项目	评估指标	权重	评估标准
运输业务管理	运输任务完成率	15%	1. 运输任务完成率=$\frac{运输任务实际完成数}{计划运输任务完成数}\times100\%$ 2. 运输任务完成率达____%,每降低____个百分点扣____分
	物资准时送达率	15%	1. 物资准时送达率=$\frac{物资准时送达次数}{运输任务完成数}\times100\%$ 2. 物资准时送达率达____%,每降低____个百分点扣____分
	运输货损率	10%	1. 运输货损率=$\frac{运输造成物资损失价值}{运输物资总价值}\times100\%$ 2. 运输货损率低于____%内,每超出____个百分点扣____分
运输安全管理	运输事故发生率	10%	1. 运输事故发生率=$\frac{运输事故次数}{总运输任务数}\times100\%$ 2. 运输事故发生率应控制在____%以内,每超出____个百分点扣____分
	交通违章次数	5%	1. 交通违章次数为评估运输车辆安全操作执行情况 2. 交通违章次数控制在____次/月,每超____次,扣____分
运输成本管理	单位销售额运输成本率	15%	1. 单位销售额运输成本率=$\frac{运输成本}{销售额}\times100\%$ 2. 单位销售额运输成本率≤____%,每超____%扣____分
车辆管理	车辆利用率	10%	1. 车辆利用率=$\frac{总车辆运行时间}{总车辆时间}\times100\%$ 2. 车辆利用率应达到____%,每降低____个百分点扣____分
	车辆完好率	5%	1. 车辆完好率=$\frac{总车辆时间-总车辆故障时间}{总车辆时间}\times100\%$ 2. 车辆完好率应达到____%,每降低____个百分点扣____分
	车辆检修完成率	5%	1. 车辆检修完成率=$\frac{检修完成车辆数}{需检修车辆总数}\times100\%$ 2. 车辆检修完成率应达____%,每降低____%扣____分
文档管理	运输报告提交及时率	5%	1. 运输报告提交及时率=$\frac{运输报告准时提交数}{总运输报告数}\times100\%$ 2. 运输报告提交及时率目标值为____%,每降低____个百分点扣____分
	运输资料档案完整率	5%	1. 运输资料档案完整率=$\frac{完整运输档案数}{总运输档案数}\times100\%$ 2. 运输资料档案完整率目标值为____%,每降低____个百分点扣____分

7.3.3 仓储主管结果标准

职位名称：仓储主管			评估时间： 年 月 日	

结果项目	评估指标	权重	评估标准
库房规划	仓库面积利用率	10%	1. 仓库面积利用率＝$\frac{物资存储实际占用面积}{仓库总面积}×100\%$ 2. 仓库面积利用率达____%，每降低____个百分点扣____分
出入库管理	出入库差错率	15%	1. 出入库差错率＝$\frac{物资出入库差错率}{物资出入库总次数}×100\%$ 2. 出入库差错率控制在____%内，每超出____%扣____分
出入库管理	物资收发及时率	10%	1. 物资收发及时率＝$1-\frac{物资收发延迟次数}{总物资收发次数}×100\%$ 2. 物资收发及时率应达到____%，每降低____%扣____分
出入库管理	库存更新及时率	5%	1. 库存更新及时率＝$\frac{及时更新库存信息条数}{应计库存更新信息条数}×100\%$ 2. 库存更新及时率应达到____%，每降低____个百分点扣____分
出入库管理	物资验收及时率	10%	1. 物资验收及时率＝$\frac{时限内完成物资验收次数}{物资验收总数}×100\%$ 2. 物资验收及时率应达到____%，每降低____个百分点扣____分
装卸搬运操作管理	装卸搬运作业效率	10%	1. 装卸搬运作业效率＝$\frac{装卸作业总量}{装卸总工时数}$ 2. 装卸搬运作业效率应达到____吨/小时，每降低____单位效率扣____分
装卸搬运操作管理	装卸搬运货损率	10%	1. 装卸搬运货损率＝$\frac{装卸搬运损坏物资价值}{装卸搬运物资总价值}×100\%$ 2. 装卸搬运货损率应控制在____%以内，每超出____个百分点扣____分
安全管理	仓储操作违规率	10%	1. 仓储操作违规率＝$\frac{装卸搬运堆垛操作违规次数}{仓储物资项目总数}×100\%$ 2. 仓储操作违规率应控制在____%以内，每超出____个百分点扣____分
安全管理	装卸搬运事故发生次数	5%	1. 装卸搬运事故次数为评价仓储主管对现场安全管理的执行情况 2. 装卸搬运事故次数控制在____次/年以内，每超出____次，扣____分

续表

结果项目	评估指标	权重	评估标准
设备管理	装卸设备完好率	5%	1. 装卸设备完好率=$\dfrac{设备工具完好总数}{设备工具总数}\times 100\%$ 2. 装卸设备完好率应达到____%，每降低____%扣____分
设备管理	装卸设备使用率	5%	1. 装卸设备使用率=$\dfrac{设备使用总工时数}{设备总工时数}\times 100\%$ 2. 装卸设备使用率应达到____%，每降低____%扣____分
环境管理	仓库环境良好率	5%	1. 仓库环境良好率=$\dfrac{考核期内仓库卫生良好天数}{考核总天数}\times 100\%$ 2. 仓库环境良好率应达到____%，每降低____%扣____分

7.3.4 盘点主管结果标准

职位名称：盘点主管	评估时间： 年 月 日

结果项目	评估指标	权重	评估标准
盘点工作	盘点及时率	10%	1. 盘点及时率=$\dfrac{时限内完成盘点任务数}{应完成盘点任务总数}\times 100\%$ 2. 盘点及时率应达____%，每降低____个百分点扣____分
台账管理	台账建立完备率	10%	1. 台账建立完备率=$1-\dfrac{未建台账项目数}{应建台账项目总数}\times 100\%$ 2. 台账建立完备率应达____%，每降低____个百分点扣____分
台账管理	台账更新及时率	10%	1. 台账更新及时率=$\dfrac{台账更新及时条数}{需更新台账总条数}\times 100\%$ 2. 台账更新及时率应达到____%，每降低____个百分点扣____分
台账管理	账实相符率	15%	1. 账实相符率=$\dfrac{账实相符笔数}{物料货物存储笔数}\times 100\%$ 2. 账实相符率目标值为____%，每降低____个百分点扣____分
台账管理	台账报表出错率	10%	1. 台账更新及时率=$\dfrac{台账更新及时条数}{需更新台账总条数}\times 100\%$ 2. 台账更新及时率应达到____%，每降低____%扣____分

续表

结果项目	评估指标	权重	评估标准
在库物资管理	库存信息准确率	10%	1. 库存信息准确率=$1-\dfrac{库存信息不准确条数}{库存信息总条数}\times 100\%$ 2. 库存信息准确率应达到____%，每降低____个百分点扣____分
	物资缺货次数	15%	1. 物资缺货次数为评价盘点主管对物资库存水平的掌握和控制水平 2. 物资缺货次数应控制在每月____次以内，每超出____次，扣____分
	库存周转率	10%	1. 库存周转率=$\dfrac{考核期内出库总金额}{同期平均库存金额}$ 2. 库存周转率应达到____次，每降低____次扣____分
	库存货损率	10%	1. 库存货损率=$\dfrac{库存货物损失数量}{库存货物总量}\times 100\%$ 2. 库存货损率控制在____%以内，每超过____%扣____分

7.3.5 配送主管结果标准

职位名称：配送主管	评估时间： 年 月 日

结果项目	评估指标	权重	评估标准
配送业务管理	配送方案更改率	10%	1. 配送方案变更率=$\dfrac{配送方案变更次数}{配送项目总数}\times 100\%$ 2. 配送方案变更率应控制在____%以内，每超出____个百分点扣____分
	配送及时率	20%	1. 配送及时率=$\dfrac{准时配送次数}{配送任务总数}\times 100\%$ 2. 配送及时率应达____%，每降低____个百分点扣____分
	配送货损率	20%	1. 配送货损率=$\dfrac{配送造成物资损失价值}{配送物资总价值}\times 100\%$ 2. 配送货损率低于____%，每超出____个百分点扣____分
	配送差错率	20%	1. 配送差错率=$\dfrac{配送差错次数}{配送任务总数}\times 100\%$ 2. 配送差错率低于____%，每超出____个百分点扣____分
	客户满意率	20%	1. 客户满意率=$\dfrac{客户满意回执总数}{客户回执总数}\times 100\%$ 2. 目标值为____%，每降低____个百分点扣____分

续表

结果项目	评估指标	权重	评估标准
文档管理	配送报告提交及时率	5%	1. 配送报告提交及时率=$\frac{配送报告准时提交数}{总配送报告数}\times100\%$ 2. 目标值为____%，每降低____个百分点扣____分
	配送资料档案完好率	5%	1. 配送资料档案完好率=$\frac{完整配送档案数}{总配送档案数}\times100\%$ 2. 目标值为____%，每降低____个百分点扣____分

第 8 章

财务会计类岗位任职资格标准体系

8.1 财务会计类岗位胜任标准体系设计

8.1.1 财务经理胜任标准

职位基本信息	
职位名称：财务经理 所属部门：	职位编号： 直接上级：

胜任项	胜任子项	具体要求
学历	学习形式	☑全日制　□函授　□自考　□夜大
	学历层次	□博士　□硕士　☑本科　□专科　□高职高专　□中专
知识	专业知识	1. 财务会计专业或金融专业 2. 掌握财务管理、行政管理、金融、统计、审计、法律等方面的专业知识
	业务知识	1. 熟悉税务、金融及企业财务管理流程等知识 2. 掌握财务的基础知识、原理、方法，能够进行会计核算、财务处理等
	基础知识	1. 熟悉公司法、税法、经济法、证券法以及国家颁布的有关财务法律、法规等 2. 熟悉银行、税务等单位的工作程序和标准
经验	工作经验	具有5年以上财务管理经验，有在国内大中型企业或外资企业财务部任职的经历
	培训经历	1. 参加过财务经理人的职业能力培训 2. 参加过财务管理与风险防范等相关课程的培训
能力	基础能力	熟练使用各种财务办公软件，具有基本的网络知识
	通用能力	1. 关注细节能力：就财务细节分析中的问题深度思考，与相关部门沟通协调 2. 问题分析与解决能力：具有较强的分析能力，能迅速、高质量地处理问题 3. 专业学习能力：在工作范围之外寻找学习机会，提高自己的知识水平
	管理能力	1. 决策能力：分析较广泛领域内的复杂情况，做出战略性决策 2. 团队建设能力：明确地对下属的成就给予认同与赞许，建立有效的激励机制并实施 3. 计划管理能力：主持企业预算工作，制订企业投资、筹资计划 4. 培养他人能力：安排并开发正规培训，促进员工的学习与发展
技能	上岗技能	具备高级以上会计师任职资格
	业务技能	1. 财务管理能力：精通财务会计理论和实务，分析、预测内部潜在的财务风险 2. 财务分析能力：熟悉各种财务指标分析，对现有财务分析体系进行创新 3. 财务控制能力：建立财务控制体系，适时地对其进行评估、分析、调整

第8章 财务会计类岗位任职资格标准体系

续表

胜任项	胜任子项	具体要求
素养	自身素养	自律、进取、诚实、有责任心、敬业
	职业素养	求实、对数字很敏感,有较强的团队意识、成本意识

8.1.2 资金主管胜任标准

职位基本信息	
职位名称:资金主管 所属部门:	职位编号: 直接上级:

胜任项	胜任子项	具体要求
学历	学习形式	☑全日制 □函授 □自考 □夜大
	学历层次	□博士 □硕士 ☑本科 □专科 □高职高专 □中专
知识	专业知识	1. 会计、财务管理等相关专业 2. 精通会计、财务管理、审计、税务等方面的专业知识
	业务知识	1. 熟悉企业的目标与企业文化 2. 掌握企业有关财务的各项政策、制度与各部门工作流程、标准
	基础知识	1. 熟悉国家财经法律、法规、章程和方针、政策 2. 熟悉会计法、税法、金融法等相关法律法规及政策
经验	工作经验	3年以上现金管理岗位相关工作经验
	培训经历	参加资金管理与风险控制等相关课程的培训
能力	基础能力	熟练运用各种财务办公软件,具有基本的网络知识
	通用能力	1. 判断能力:快速识别对方的谈判风格,准确把握对方的观点 2. 沟通协调能力:主动与人交流,积极主动地协调各类资源,有效地促进沟通 3. 逻辑思维能力:善于对财务数据、信息进行概括和分析
	管理能力	1. 决策能力:客观分析形势并做出初步判断 2. 团队建设能力:有意识地建立团队内有效合作及适当竞争机制
技能	上岗技能	具有会计从业资格证,具备会计师专业职称
	业务技能	1. 财务信息分析能力:迅速收集资料并进行整理,全面地分析、判断财务信息 2. 融资和资金管理能力:熟悉融资和资金管理知识,分析、预测潜在的风险 3. 投资分析能力:对各项投资进行可行性分析,撰写可行性分析报告
素养	自身素养	自律、进取、诚实、有责任心、敬业
	职业素养	求实、对数字很敏感,有较强的团队意识、成本意识

8.1.3 资产主管胜任标准

职位基本信息	
职位名称：资产主管 所属部门：	职位编号： 直接上级：

胜任项	胜任子项	具体要求
学历	学习形式	☑全日制　□函授　□自考　□夜大
	学历层次	□博士　□硕士　☑本科　□专科　□高职高专　□中专
知识	专业知识	1. 会计、财务管理等相关专业 2. 掌握资产管理、财经管理、金融管理等方面的专业知识
	业务知识	1. 了解同行业运营状态，全面掌握企业内部业务流程 2. 了解公司设立、变更及清算手续等方面的业务知识
	基础知识	1. 熟悉国家有关投资的各项政策规定、国家税务政策的有关法律法规 2. 熟悉公文写作的基本常识
经验	工作经验	3年以上会计岗位相关工作经验，丰富的财务处理、财务核算等财务实践经验
	培训经历	参加资产管理与风险控制等相关课程的培训
能力	基础能力	熟练运用各种财务办公软件，具有基本的网络知识
	通用能力	1. 判断能力：快速识别对方的谈判风格，准确把握对方的观点 2. 沟通协调能力：主动与人交流，积极主动地协调各类资源，有效地促进沟通 3. 自控能力：能够抑制感情或抵抗压力，以正常的状态推进工作
	管理能力	1. 决策能力：客观分析形势并做出初步判断 2. 团队建设能力：有意识地建立团队内的有效合作及适当竞争机制
技能	上岗技能	具有会计从业资格证，具备会计师专业职称
	业务技能	1. 资产分析能力：能够通过资产报表、数据的分析，为企业决策提供有益信息 2. 财务信息分析能力：迅速收集资料，全面地分析信息
素养	自身素养	自律、进取、诚实、有责任心、敬业
	职业素养	求实、对数字很敏感，有较强的团队意识、成本意识

8.1.4 成本主管胜任标准

职位基本信息

| 职位名称：成本主管 | 职位编号： |
| 所属部门： | 直接上级： |

胜任项	胜任子项	具体要求
学历	学习形式	☑全日制　□函授　□自考　□夜大
	学历层次	□博士　□硕士　☑本科　□专科　□高职高专　□中专
知识	专业知识	1. 会计、财务管理等相关专业 2. 掌握财务管理、会计核算、成本核算、税务和财务电算化等方面的专业知识
	业务知识	1. 了解同行业运营状态，全面掌握企业内部业务流程 2. 熟悉财务处理、财务核算等财务工作流程
	基础知识	1. 熟悉国家有关投资的各项政策规定、国家税务政策的有关法律法规 2. 熟悉公文写作的基本常识
经验	工作经验	3年以上企业财会工作经验
	培训经历	参加过成本分析与控制等相关课程的培训
能力	基础能力	熟练运用各种财务办公软件，具有基本的网络知识
	通用能力	1. 判断能力：快速识别对方的谈判风格，准确把握对方的观点 2. 沟通协调能力：主动与人交流，积极主动地协调各类资源，有效地促进沟通 3. 问题分析与解决能力：自如地应对变化或不确定因素，处理有困惑的问题
	管理能力	1. 决策能力：客观分析形势并做出初步判断 2. 团队建设能力：有意识地建立团队内的有效合作及适当竞争机制
技能	上岗技能	具有会计从业资格证，具备会计师专业职称
	业务技能	1. 财务分析能力：能够通过资产报表、数据的分析，为企业决策提供有益信息 2. 财务信息分析能力：迅速收集资料，全面地分析信息 3. 会计核算能力：单独处理企业所有会计核算业务
素养	自身素养	自律、进取、诚实、有责任、敬业
	职业素养	求实、对数字很敏感，有较强的团队意识、成本意识

8.1.5 税务主管胜任标准

职位基本信息	
职位名称：税务主管 所属部门：	职位编号： 直接上级：

胜任项	胜任子项	具体要求
学历	学习形式	☑全日制　□函授　□自考　□夜大
	学历层次	□博士　□硕士　□本科　□专科　□高职高专　☑中专
知识	专业知识	1. 会计、税务、财务管理等相关专业 2. 掌握财务管理、金融、经济法、税务、统计等方面的相关专业知识
	业务知识	1. 了解同行业运营状态，全面掌握企业内部业务制度与流程 2. 了解公司设立、变更及清算手续等方面的业务知识
	基础知识	1. 熟悉国家财务、税务政策及有关法律法规 2. 熟悉公文写作的基本常识
经验	工作经验	3年以上财务工作经验，1年以上专职工作经验
	培训经历	参加过税法与纳税筹划系列课程的培训
能力	基础能力	熟练运用各种财务办公软件，具有基本的网络知识
	通用能力	1. 计划执行能力：迅速理解上级意图，形成工作目标并制订行动计划 2. 控制能力：能够有效地控制企业税务筹划计划 3. 沟通协调能力：主动与人交流，积极主动地协调各类资源，有效地促进沟通
	管理能力	1. 决策能力：客观分析形势并做出初步判断 2. 团队建设能力：有意识地建立团队内的有效合作及适当竞争机制
技能	上岗技能	具有中级会计师以上职称，有注册税务师资格者优先
	业务技能	1. 财务分析能力：能够通过资产报表、数据的分析，为企业决策提供有益信息 2. 财务信息分析能力：迅速收集资料，全面地分析信息
素养	自身素养	自律、进取、诚实、有责任、敬业
	职业素养	求实、对数字很敏感，有较强的团队意识、成本意识

8.1.6 审计主管胜任标准

职位基本信息	
职位名称：审计主管 所属部门：	职位编号： 直接上级：

胜任项	胜任子项	具体要求
学历	学习形式	☑全日制　□函授　□自考　□夜大
	学历层次	□博士　□硕士　☑本科　□专科　□高职高专　□中专
知识	专业知识	1. 财务、金融、企业管理等相关专业 2. 掌握财务管理、金融、企业管理、税法、经济法、审计、统计等方面的相关专业知识
	业务知识	1. 熟悉银行融资、信贷等相关手续以及税务、银行工作的业务情况 2. 了解同行业运营状态，全面掌握企业内部业务制度与流程
	基础知识	1. 熟悉国家财务、税务政策及有关法律法规 2. 熟悉公文写作的基本常识
经验	工作经验	3年以上企业审计工作经验
	培训经历	参加过企业内部控制与风险管理等相关课程的培训
能力	基础能力	熟练运用各种财务办公软件，具有基本的网络知识
	通用能力	1. 应变能力：应变能力较强，能够轻松地处理审计工作中遇到的问题 2. 沟通协调能力：主动与人交流，积极主动地协调各类资源，有效地促进沟通 3. 问题分析与解决能力：自如地应对变化或不确定因素，处理有困惑的问题
	管理能力	1. 决策能力：能客观分析形势并做出初步判断 2. 团队建设能力：有意识地建立团队内的有效合作及适当的竞争机制
技能	上岗技能	具有中级会计师以上职称
	业务技能	1. 财务风险控制能力：对审计工作中出现的风险具有较强的预知能力 2. 会计核算能力：能单独处理相关会计核算业务
素养	自身素养	自律、进取、诚实、有责任、敬业
	职业素养	求实、对数字很敏感，有较强的团队意识、成本意识

8.1.7 会计主管胜任标准

职位基本信息	
职位名称：会计主管 所属部门：	职位编号： 直接上级：

胜任项	胜任子项	具体要求
学历	学习形式	☑全日制　□函授　□自考　□夜大
	学历层次	□博士　□硕士　☑本科　□专科　□高职高专　□中专
知识	专业知识	1. 财会、金融、企业管理等相关专业 2. 掌握财务管理、统计、审计、金融、法律、外汇等方面的专业知识
	业务知识	1. 熟悉银行融资、信贷等相关手续以及银行工作情况 2. 了解同行业运营状态，全面掌握企业内部业务制度与流程
	基础知识	1. 熟悉国家财务、税务政策及有关法律法规 2. 熟悉公文写作的基本常识
经验	工作经验	3年以上财务管理工作经验
	培训经历	参加过管理会计系列等相关课程的培训
能力	基础能力	熟练运用各种财务办公软件，具有基本的网络知识
	通用能力	1. 书面表达能力：准确地使用专业词汇，撰写的文档符合撰写要求 2. 沟通协调能力：主动与人交流，积极主动地协调各类资源，有效地促进沟通 3. 专业学习能力：主动地提高自己的业务知识，提高部门的工作效率
	管理能力	1. 决策能力：能客观分析形势并做出初步判断 2. 团队建设能力：有意识地建立团队内的有效合作及适当的竞争机制
技能	上岗技能	具有助理会计师以上职称
	业务技能	1. 会计核算能力：单独处理企业所有的会计核算业务 2. 财务信息分析能力：能够通过资产报表、数据的分析，全面分析企业财务信息，为企业决策提供有益信息
素养	自身素养	自律、进取心、诚实、责任心、敬业精神
	职业素养	敏感性、责任心、团队意识、求实性、成本意识

8.1.8 稽核主管胜任标准

职位基本信息	
职位名称：稽核主管 所属部门：	职位编号： 直接上级：

胜任项	胜任子项	具体要求
学历	学习形式	☑全日制　□函授　□自考　□夜大
	学历层次	□博士　□硕士　□本科　☑专科　□高职高专　□中专
知识	专业知识	财会、金融、审计等相关专业
	业务知识	1. 系统学习并掌握企业会计核算知识，熟悉企业会计准则 2. 了解同行业运营状态，全面掌握企业财会管理制度与流程
	基础知识	1. 熟悉国家财务、税务政策及有关法律法规 2. 熟悉公文写作的基本常识
经验	工作经验	2年以上财务管理工作经验
	培训经历	参加过管理会计、会计稽核等相关培训
能力	基础能力	熟练运用各种财务软件、办公软件，具有基本的网络知识
	通用能力	1. 具有较强的书面表达能力、逻辑分析能力 2. 具有良好的沟通协调能力，能主动与人交流，积极主动地协调各类资源，有效地促进沟通 3. 具有一定的问题分析能力，能根据现象探求解决问题的途径，归纳总结各类问题发生的规律
	管理能力	1. 决策能力：能客观分析形势并做出初步判断 2. 协调能力：能主动协调平衡企业内外部各种关系，发现企业内部隐藏的问题或矛盾，并提出相应的解决方法或应对策略
技能	上岗技能	具有会计从业资格证书
	业务技能	1. 会计核算能力：单独处理企业会计核算业务 2. 财务分析能力：能够通过资产报表、数据的分析，为企业决策提供有益信息
素养	自身素养	自律、进取、诚实、有责任心、敬业
	职业素养	求实、对数字很敏感，有较强的团队意识、成本意识

8.2 财务会计类岗位工作标准体系设计

8.2.1 财务经理工作标准

工作事项	工作依据与规范	工作成果或目标
1. 编制各项财务管理制度	◆ 上一年的历史财务数据，本年度总体财务目标、财务研究分析报告、财务预算、制度编制规范	1）及时编制各项财务制度 2）制度编制达成率为100% 3）财务管理目标达成率为100%
2. 财务工作管理	◆ 企业各项财务管理制度与流程工作标准	部门工作计划完成率达到100%
3. 财务监控	◆ 企业日常资金运作和财务运作监控体系，企业各项预算计划、费用计划、财务预算及费用数据	1）企业各部门管理费用控制在预算范围之内 2）财务收支出错次数为0 3）财务预算超支率低于____%
4. 财务分析与预测	◆ 阶段性的财务分析与财务预测报告	1）财务数据出错次数为0 2）财务分析报告提交及时率应达到____%

8.2.2 资金主管工作标准

工作事项	工作依据与规范	工作成果或目标
1. 制订资金计划	◆ 企业历史资金使用数据、资金管理分析报告，今年的资金使用管理目标、计划编制规范，国家规定的相关法律、法规	1）资金预算编制及时率达____% 2）工作计划完成率达到100%
2. 资金使用目标	◆ 企业资金管理制度、资金使用评估报告	1）企业资金使用目标达成率在____%以上 2）资金使用效益评估报告编制及时率达到____%

续表

3. 资金收支平衡	◆ 资金收支数据、银行存款余额调节表、资金头寸变动情况	企业资金收支出错次数为0
4. 内部融资管理	◆ 企业所处的资本市场和政策变动情况，融资预算方案，市场和项目融资风险情况，中长期资金需求预测报告	1）融资计划完成率达到____% 2）融资成本控制率达到____%
5. 投资项目管理	◆ 投资工作计划及方案、项目结果评估报告、参股公司的增资扩股和减资等数据	1）投资项目各项指标分析准确率达到____% 2）投资收益率达到____%
6. 预算执行管理	◆ 预算单位的日常支出和预算执行情况，企业内部管理报表、预算执行报告、预算管理制度，各预算责任部门的实现数与预算数	1）资金预测准确率为____% 2）财务预算达标率为____%

8.2.3 资产主管工作标准

工作事项	工作依据与规范	工作成果或目标
1. 资产财务处理	◆ 企业资产管理制度与工作流程、资产核算办法、企业资产财务数据，资产原始凭证，国家规定的相关法律、法规、会计制度	1）资产核算准确率达到____% 2）资产计提折旧及财务处理准确率达到____% 3）账证编制出错次数为0
2. 编写资产类报表	◆ 各类资产数据与报表、资产管理制度、会计法、新《企业会计准则》、国家相关法律法规	1）资产类报表提交及时率达到____% 2）资产报表准确率达到100%
3. 资产清查盘点	◆ 企业资产账面清单、存货数量、订货分析与控制报告	资产盘点及时率达到100%
4. 资产档案管理	◆ 企业资产财务类档案管理制度与工作流程	资产归档及时率达到100%

8.2.4 成本主管工作标准

工作事项	工作依据与规范	工作成果或目标
1. 成本控制制度与成本计划制订	◆ 企业有关财务制度、编制成本核算规范	1）及时制定成本控制制度 2）成本计划执行率为100%

续表

工作事项	工作依据与规范	工作成果或目标
2. 成本账务处理	◆ 企业各项财务数据、成本控制管理制度与流程工作标准、会计凭证，收入、支出费用的明细账、成本费用盈亏报表	1）成本核算工作按时完成率为100% 2）成本记账凭证、账簿出现错误在____次以下 3）账务处理准确率到达____%
3. 成本分析与控制	◆ 企业各部门成本费用指标、各部门成本计划定额的执行情况、实际调查研究、企业成本报告、控制经营成本方案	1）核算分析准确率达到____% 2）成本分析报告提交及时率为100%

8.2.5 税务主管工作标准

工作事项	工作依据与规范	工作成果或目标
1. 税务筹划	◆ 企业历史税务数据、税务筹划方案、计划编制规范、国家规定的相关法律法规	1）税务筹划不合理致使企业损失不高于____元 2）税务筹划工作按时完成率为100%
2. 税项核算与申缴	◆ 企业各类税务报表、税务申报制度、增值税发票及所开具的其他发票、有关税务文件	1）税务处理出现错误在____次以下 2）税项申报及时率达100%
3. 税务咨询	◆ 国家税收政策方针、税务筹划方案、税收信息报告和专题研究报告	提出的税务咨询被采纳的次数为____次以上

8.2.6 审计主管工作标准

工作事项	工作依据与规范	工作成果或目标
1. 编制审计计划	◆ 企业历史审计数据、审计执行方案、计划编制规范、国家规定的相关法律、法规	及时制定审计管理制度
2. 组织内部审计工作	◆ 企业各项财务收支数据、专项资金使用和核算情况、企业经营成果报告、企业内部控制制度、审计工作计划方案	1）审计工作完成率达100% 2）审计问题检查率达100%
3. 配合外部审计工作	◆ 国家有关审计制度和企业相关规定	外部审计配合率达到____%

续表

		1) 审计工作报告一次性通过次数为___次
4. 撰写审计工作报告	◆ 撰写报告规范，相关的审计资料、文件	2) 无审计报告证据不充分情况发生

8.2.7 会计主管工作标准

工作事项	工作依据与规范	工作成果或目标
1. 核算体系建设	◆ 企业会计准则、会计核算的各项规章制度、企业的会计核算形式，会计凭证的传递程序	1) 会计核算体系建设及时率达到100% 2) 会计管理流程改善目标实现率在___%以上
2. 会计核算管理	◆ 会计凭证与所附原始单据、总账科目汇总表、明细账和总分类账	会计核算准确率在___%
3. 编制财务报表	◆ 现金流量数据、资产负债数据、利润数据、经济效益月报表、统计报表	1) 报表出错率控制在___%内 2) 报表编制及时率为100%
4. 财务分析	◆ 财务报表、财务状况说明书、各种财务预测、市场容量预测情况、市场占有率预测情况和市场价格预测情况	财务分析报告提交及时率达到100%
5. 会计档案管理	◆ 会计档案管理制度与工作流程	会计凭证归档率达到100%

8.2.8 稽核主管工作标准

工作事项	工作依据与规范	工作成果或目标
1. 稽核管理	◆ 上年度稽核工作历史数据、企业财务稽核工作管理制度及操作规范，本年度稽核工作计划、企业会计凭证及账簿、企业财务报表	1) 及时编制稽核工作计划 2) 稽核工作按计划完成率达到___%
2. 账务稽核管理	◆ 企业会计法、新《企业会计准则》、企业财务管理制度、企业财务稽核工作管理制度及操作规范，本年度稽核工作计划、企业会计凭证及账簿、企业财务报表	1) 稽核制度违反次数不得超过___次 2) 企业会计凭证、账簿、报表复核差错率低于___% 3) 财务收支稽核及时率达到___%

续表

3. 稽核结果处理	◆企业会计法、新《企业会计准则》、企业财务管理制度、企业财务稽核工作管理制度及操作规范、本年度稽核工作计划、财务稽核结果报告规范	1）稽核问题完全解决率不得低于____% 2）稽核结果报告及时率达到____%

8.3 财务会计类岗位结果标准体系设计

8.3.1 财务经理结果标准

职位名称：财务经理			评估时间： 年 月 日	

结果项目	评估指标	权重	评估标准	
财务计划管理	财务管理目标达成率	15%	1. 财务管理目标达成率 = $\dfrac{\text{目标达成数}}{\text{计划实现目标总数}} \times 100\%$ 2. 目标值为____%，每降低____%扣____分，低____%得0	
	财务工作计划完成率	15%	1. 财务工作计划完成率 = $\dfrac{\text{按时完成的财务工作量}}{\text{财务计划工作总量}} \times 100\%$ 2. 目标值为____%，每降低____%扣____分，低____%得0	
财务预算管理	财务预算编制及时率	5%	1. 财务预算编制及时率 = $\dfrac{\text{财务预算及时提交份数}}{\text{财务预算总份数}} \times 100\%$ 2. 目标值为____%，每降低____%扣____分，低____%得0	
	财务预算达成率	10%	1. 财务预算达成率 = $\dfrac{\text{财务预算项目实际发生额度}}{\text{财务预算项目的预算额度}} \times 100\%$ 2. 对资金类、收入类预算，其达成率应达到____%，每降低1个百分点，扣____分 3. 对成本费用类预算，其达成率应控制在［100%－____%，100%＋____%］范围内，考核得分范围在［80，100］内，每降低____%加____分	
财务费用控制	财务费用控制率	15%	1. 财务费用控制率 = $\dfrac{\text{实际发生财务费用}}{\text{财务费用预算额}} \times 100\%$ 2. 财务费用控制率≤100%时，此项考核得满分；财务费用控制率＞100%，此项考核得0分	

第8章 财务会计类岗位任职资格标准体系

续表

结果项目	评估指标	权重	评估标准
资金预测与收支办理	资金周转率	10%	1. 资金周转率通常用一定时期内的周转次数表示 $$资金周转率=\frac{本期主营业务收入}{(期初占用资金+期末占用资金)\div 2}$$ 2. 目标值为____次，周转次数每少____次扣____分，若周转次数未超过____次，此项考核得0分
	财务收支出错次数	10%	财务收支出错次数控制在____次以内，实际出错次数每超一次扣____分，若错误次数超过____次时，此项得0分
编制财务报告	财务数据出错次数	10%	财务数据出错次数控制在____次以内，实际出错次数每超一次扣____分，若错误次数超过____次时，此项得0分
	财务报告提交及时性	10%	1. 财务报告提交及时性按在规定时间内完成并提交报告的次数来评估 2. 未在规定时间内完成并提交报告，每出现一次扣____分，扣完为止

8.3.2 资金主管结果标准

职位名称：资金主管　　　　　　　　　　评估时间：　　年　月　日

结果项目	评估指标	权重	评估标准
资金工作计划	资金工作计划完成率	15%	1. 资金工作计划完成率=$\frac{按时完成的财务工作量}{财务计划工作总量}\times 100\%$ 2. 目标值为____%，每降低____%扣____分，低于____%得0分
资金使用目标	资金使用目标达成率	15%	1. 资金使用目标达成率=$\frac{实际完成的资金使用数量}{总资金使用数量}\times 100\%$ 2. 目标值为____%，每降低____%扣____分，低于____%得0分
	资金使用效益评估报告编制及时率	10%	1. 资金使用效益评估报告编制及时率 $=\frac{及时提交的资金使用效益评估报告数量}{提交的资金使用效益评估报告总量}\times 100\%$ 2. 目标值为____%，每降低____%扣____分，低于____%得0分
资金收支平衡	资金收支出错次数	15%	目标值控制在____次以内，出错次数每超一次扣____分，若错误次数超过____次时得0分
资金预算管理	资金预算执行率	15%	1. 资金预算执行率=$\frac{实际达成的资金预算额度}{资金预算总额度}\times 100\%$ 2. 资金预算执行率应达到____%，每降低____%，扣____分

续表

结果项目	评估指标	权重	评估标准
融资成本控制	融资成本控制率	10%	1. 融资成本控制率＝$\frac{资金使用费}{融资总额-融资费用}×100\%$ 2. 融资成本控制率每超过＿＿%扣＿＿分
编制投资可行性报告	投资项目可行性报告内容准确率、报告提交及时率	10%	1. 报告内容准确率＝$\frac{各项指标分析出错处数}{某份报告中指标总数量}×100\%$ 2. 可行性报告提交及时率＝$\frac{及时提交的报告数量}{提交的报告总量}×100\%$ 3. 可行性报告提交及时率应达到＿＿%，每降低＿＿%扣＿＿分 4. 可行性报告中数据准确率达到＿＿%，每降低＿＿%扣＿＿分
预测资金	资金预测准确率	10%	1. 资金预测准确率 ＝$\frac{实际收入/预算收入+实际支出/预算支出}{2}×100\%$ 2. 目标值为＿＿%，每降低＿＿%扣＿＿分，低于＿＿%得0分

8.3.3 资产主管结果标准

职位名称：资产主管	评估时间： 年 月 日

结果项目	评估指标	权重	评估标准
企业资产核算	资产核算准确率	20%	1. 资产核算准确率＝$\frac{资产核算准确的次数}{资产核算的总次数}×100\%$ 2. 目标值为＿＿%，每降低＿＿%扣＿＿分；资产核算准确率＜＿＿%时，得0分
资产计提折旧处理	核算和计提折旧的准确性	10%	1. 用出现不准确的次数来反向评估该指标 2. 不准确的次数应控制为0，每发现一次资料不准确的情况扣＿＿分；超过＿＿次此项得分为0
	核算和计提折旧的及时性	10%	1. 用出现延迟核算和计提折旧的次数来反向评估 2. 核算和计提延时的次数应控制为0，每发现一次更新不及时情况扣＿＿分；超过＿＿次此项得分为0
编制资产会计报表	资产会计报表提交及时率	15%	1. 资产会计报表提交及时率 ＝$\frac{及时提交的资产会计报表数量}{提交的资产会计报表总量}×100\%$ 2. 目标值为＿＿%，每降低＿＿%扣＿＿分；资产会计报表提交及时率＜＿＿%时，得0分

第8章 财务会计类岗位任职资格标准体系

续表

结果项目	评估指标	权重	评估标准
编制资产会计报表	资产会计报表准确率	15%	1. 资产会计报表准确率 $=\dfrac{\text{资产会计报表编制准确的次数}}{\text{资产会计报表编制的总次数}}\times100\%$ 2. 目标值为___%,每降低___%扣___分;资产会计报表准确率<___%时,得0分
盘点资产	资产盘点及时率	10%	1. 资产盘点及时率 $=\dfrac{\text{及时盘点资产的次数}}{\text{盘点资产的总次数}}\times100\%$ 2. 目标值为___%,每降低___%扣___分;资产盘点及时率<___%时,得0分
资产资料归档	资产建账立卡及时性	5%	1. 可用不及时对资产进行建账立卡的次数来反向评估 2. 不及时性的次数应控制为0,每发现一次资产不及时建账立卡的情况扣___分;超过___次此项得分为0
资产资料归档	资产档案规范性	5%	1. 可用不规范的次数来反向评估 2. 对资产档案更新不规范次数应控制___次,每发现一次更新不规范性情况扣___分;超过___次此项得分为0
资产会计凭证填写	资产会计凭证出错次数	10%	1. 出现错误的次数不应超过___次,每多一次扣___分 2. 错误次数超过___次,此项得0分

8.3.4 成本主管结果标准

职位名称:成本主管	评估时间: 年 月 日

结果项目	评估指标	权重	评估标准
成本核算	成本核算完成及时率	20%	1. 成本核算完成及时率 $=\dfrac{\text{及时完成成本核算数}}{\text{应完成成本核算数}}\times100\%$ 2. 目标值为___%,每降低___%扣___分;成本核算完成及时率<___%时,得0分
成本核算	成本会计凭证出现错误次数	15%	1. 出现错误次数不得超过___次,每超1次扣___分 2. 若错误次数超过___次得0
成本计划	成本计划执行率	15%	1. 成本计划执行率 $=\dfrac{\text{按时完成的工作量}}{\text{计划工作总量}}\times100\%$ 2. 目标值为___%,每降低___%扣___分;成本计划执行率<___%时,得0分
成本计划	成本计划执行情况分析报告提交及时率	15%	1. 成本分析报告提交及时率 $=\dfrac{\text{及时提交的成本分析报告数量}}{\text{应提交的成本分析报告总数}}\times100\%$ 2. 目标值为___%,每降低___%扣___分;报告提交及时率<___%时,得0分

续表

结果项目	评估指标	权重	评估标准
成本控制	成本费用支出审批程序执行度	15%	1. 成本费用支出申请手续办理不合规,有错批、漏批、越权批的次数 2. 目标值控制在___次以内,每超___次扣___分
	企业成本费用节约率	20%	1. 企业成本费用节约率 $=\dfrac{\text{实际成本费用支出}-\text{预算的成本费用支出}}{\text{预算的成本费用支出}}\times 100\%$ 2. 企业成本费用节约率在 [-___%, +___%] 范围内时,得分范围为 [80, 100],绝对值每少___个百分点,加___分;节约率不在此范围时,此项得 0 分

8.3.5 税务主管结果标准

| 职位名称:税务主管 | | | 评估时间: 年 月 日 |

结果项目	评估指标	权重	评估标准
税务工作计划	税务计划完成率	15%	1. 税务计划完成率 $=\dfrac{\text{已完成的工作项数}}{\text{计划的工作项数}}\times 100\%$ 2. 目标值为___%,每降低___%扣___分;税务计划完成率<___%时,得 0 分
筹划税务	税务筹划的成效	20%	1. 因税务筹划不合理而造成企业的损失 2. 损失不高于___元,每增加___元扣___分,高于___元时,此项得 0 分
纳税申报	纳税申报及时性	20%	1. 可用纳税申报延误的次数进行反向评估 2. 纳税申报延误次数控制为 0,每超一次扣___分,高于___元时,此项得 0 分
	税务缴纳差错次数	15%	1. 指在考核期内税务缴纳金额出现差错的次数 2. 出错次数控制为 0,每超一次扣___分,高于___元时,此项得 0 分
税务账务处理	税务账务处理差错次数	15%	1. 出现错误次数不得超过___次,每超一次扣___分 2. 若错误次数超过___次得 0
税务工作改进建议	合理化建议满意度	10%	1. 对合理化建议频度的满意度评价得分(20%) 2. 对合理化建议的有效性的满意度评价得分(40%) 3. 对合理化建议的创新性的满意度评价得分(40%) 4. 该项得分=(1)×20%+(2)×40%+(3)×40%
部门协作	部门协作满意度	5%	1. 接受调查的合作部门的满意度评分的算术平均值 2. 目标值为___分,每减少___分扣___分,低___分得 0

8.3.6 审计主管结果标准

职位名称：审计主管			评估时间：　　年　月　日

结果项目	评估指标	权重	评估标准
审计计划管理	审计计划执行率	30%	1. 审计计划执行率=$\frac{已完成的工作项数}{计划的工作项数}\times100\%$ 2. 目标值为___%，每降低___%扣___分，低于___%得0
违规审计	违规事件漏查次数	15%	1. 违规行为漏查次数不超过___次，每超过___次扣___分 2. 漏查次数达___次时，此项为0分
审计问题追踪检查	审计问题追踪检查次数	10%	1. 审计问题追踪检查次数不超过___次，每超一次扣___分 2. 若错误次数超过___次，此项得0分
审计结果	审计结果准确性	10%	1. 审计结果更正次数不超过___次，每超一次扣___分 2. 若错误次数超过___次，此项得0分
配合外部审计	外部审计配合满意度	10%	1. 外部审计单位对审计主管工作配合的满意度评分 2. 外部审计配合满意度评分应达___分，每少___分扣___分；评分低于___时，此项0分
编制审计报告	审计报告一次性通过次数	15%	审计报告一次性通过，得满分；未通过次数超过___次扣___分；若未通过次数超过___次，此项得0分
	审计报告证据充分性	10%	审计结果因证据不足而被推翻次数超过___次扣___分，若超过___次，此项得0分

8.3.7 会计主管结果标准

职位名称：会计主管			评估时间：　　年　月　日

结果项目	评估指标	权重	评估标准
会计核算体系建设	会计核算体系建设及时率	20%	1. 会计核算体系建设及时率 $=\frac{完成会计核算体系建设时间}{会计核算体系建设规定时间}\times100\%$ 2. 目标值为___%，每降低___%扣___分；会计核算体系建设及时率<___%时，得0分
改善会计管理流程	会计管理流程改善目标实现率	20%	1. 会计管理流程改善目标实现率 $=\frac{实际完成的流程改善目标实现数量}{总流程改善目标实现数量}\times100\%$ 2. 目标值为___%，每降低___%扣___分；会计管理流程改善目标实现率<___%时，得0分

续表

结果项目	评估指标	权重	评估标准
会计核算	会计核算准确率	15%	1. 会计核算准确率=$\dfrac{会计核算准确的次数}{会计核算的总次数}\times 100\%$ 2. 目标值为____%，每降低____%扣____分；会计核算准确率<____%时，得0分
编制 财务报表	财务报表编制及时率	15%	1. 财务报表编制及时率=$\dfrac{及时完成财务报表数量}{应完成财务报表总数}\times 100\%$ 2. 目标值为____%，每降低____%扣____分；财务报表编制及时率<____%时，得0分
	财务报表出错次数	10%	1. 出现错误次数不超过____次，每超1次扣____分 2. 若错误次数超过____次得0
编制财务 分析报告	财务分析报告 提交及时率	10%	1. 财务分析报告提交及时率 =$\dfrac{及时提交的财务分析报告份数}{应提交的财务分析报告总份数}\times 100\%$ 2. 目标值为____%，每降低____%扣____分；财务分析报告提交及时率<____%时，得0分
会计凭证 归档	会计凭证编制及时性	5%	1. 用未及时编制会计凭证的次数来评估 2. 不及时次数控制为0，每发现一次不及时情况扣____分；超过____次时，此项得分为0
	会计凭证档案规范性	5%	1. 用会计凭证档案的不规范数量来评估 2. 会计凭证不规范数量控制为0，每发现一次不规范的情况扣____分；超过____次，此项得分为0

8.3.8 稽核主管结果标准

职位名称：稽核主管			评估时间：　　年　月　日

结果项目	评估指标	权重	评估标准
稽核计划 管理	稽核工作按 计划完成率	20%	1. 稽核工作按计划完成率 =$\dfrac{按计划及时完成的稽核工作项数}{计划完成的稽核工作项数}\times 100\%$ 2. 目标值为____%，每降低____%扣____分
账务稽核	账务稽核的规范性	5%	1. 用违反稽核制度的次数来评估 2. 稽核制度违反次数不得超过____次，每超目标值____次扣____分；违反次数达____次时，此项考核得0分

第8章 财务会计类岗位任职资格标准体系

续表

结果项目	评估指标	权重	评估标准
账务稽核	会计凭证、账簿、报表复核差错率	30%	1. 企业会计凭证、账簿、报表复核差错率 $=\dfrac{会计凭证、账簿、报表复核漏错次数}{会计凭证、账簿、报表复核的总次数}\times 100\%$ 2. 企业会计凭证、账簿、报表复核差错率低于____%，每超目标值____%扣____分
账务稽核	财务收支稽核及时率	20%	1. 财务收支稽核及时率 $=\dfrac{及时完成稽核的财务收支项}{发生的财务收支项}\times 100\%$ 2. 财务收支稽核及时率达到____%，每比目标值低____%扣____分
稽核结果处理	稽核问题完全解决率	10%	1. 稽核问题完全解决率 $=\dfrac{稽核发现的问题及时报告完成解决的起数}{稽核工作中发现的问题总数}\times 100\%$ 2. 稽核问题完全解决率不得低于____%，每比目标值低____%扣____分
稽核结果处理	稽核结果报告及时率	15%	1. 稽核结果报告及时率 $=\dfrac{稽核结果及时报告的次数}{稽核工作开展总次数}\times 100\%$ 2. 稽核结果报告及时率达到____%，每比目标值低____%扣____分

第 9 章

设备管理类岗位任职资格标准体系

9.1 设备管理类岗位胜任标准体系设计

9.1.1 设备部经理胜任标准

职位基本信息	
职位名称：设备部经理 所属部门：	职位编号： 直接上级：

胜任项	胜任子项	具体要求
学历	学习形式	☑全日制　□函授　□自考　□夜大
	学历层次	□博士　□硕士　☑本科　□专科　□高职高专　□中专
知识	专业知识	设备管理、自动化、机械、机电一体化等相关专业毕业
	业务知识	熟悉设备采购、安装调试、运行、维修等基本知识
	基础知识	1. 熟悉特种设备安全法、全国设备管理工作纲要等设备管理相关法律法规 2. 熟悉国际质量体系专业知识，熟悉公文写作的基本常识
经验	工作经验	具备3年以上设备管理岗位从业经验
	培训经历	受过生产作业管理、生产全面维护、设备TnPM等方面的培训
能力	基础能力	1. 能够熟练使用制图软件（Auto CAD等） 2. 熟练操作办公软件
	通用能力	1. 良好的人际交往与沟通能力，创新及应变能力优秀 2. 团队协作能力强，能够很好地进行部门员工管理及工作的组织协调
	管理能力	1. 具备优秀的团队建设能力，能够很好地激励下属员工 2. 具备好的教练能力，高效提升下属技能
技能	上岗技能	熟练掌握各种设备的操作及管理
	业务技能	具备较强的设备管理能力、质量管理能力、质量问题处理能力、项目管理能力
素养	自身素养	具有较强的工作主动性与自觉性
	职业素养	具备较强的工作责任心，工作认真负责，确保设备的安全稳定

9.1.2 设备工程师胜任标准

职位基本信息	
职位名称:设备工程师 所属部门:	职位编号: 直接上级:

胜任项	胜任子项	具体要求
学历	学习形式	☑全日制　□函授　□自考　□夜大
	学历层次	□博士　□硕士　□本科　☑专科　□高职高专　□中专
知识	专业知识	机械设计制造、机械或过程装备与控制等相关工科专业
	业务知识	1. 熟练掌握设备专业工程图纸的设计及与设备专业相关的设计计算 2. 熟悉工程机械构造原理,熟知设备保养、维修流程及规范和标准
	基础知识	1. 熟悉本行业机械设备的国家及国际标准 2. 熟悉 ISO 体系文件中有关设备管理要求
经验	工作经验	具有 3 年以上设备工作经验,有 1 年以上设备管理职位工作经验的优先
	培训经历	具有设备管理及维护、生产工艺、产品知识等方面的培训经历
能力	基础能力	精通办公室各种应用软件,熟练操作 CAD 等设计软件
	通用能力	1. 具有良好的组织、协调和沟通能力 2. 具有良好的逻辑思维能力和分析判断、解决问题的能力 3. 具有良好的团队合作精神
	管理能力	1. 能够良好地建立团队与组织分工 2. 具备带领团队成员共同提升业务能力的教练技能
技能	上岗技能	具有设备管理中级及以上职称
	业务技能	具备工程机械故障处理、机械设计、机械维护经验,熟练掌握设备设计、设备验收与运营规范编制等所需的专业技能,能够组织实施设备的运行维护、保养与维修工作
素养	自身素养	思维敏捷,性格沉稳,细致有耐心,能够很好地完成设备管理的各项工作
	职业素养	忠诚有责任心,能够认真负责地开展各项工作

9.1.3 设备维修主管胜任标准

职位基本信息			
职位名称：设备维修主管 所属部门：		职位编号： 直接上级：	

胜任项	胜任子项	具体要求	
学历	学习形式	☑全日制　□函授　□自考　□夜大	
	学历层次	□博士　□硕士　□本科　☑专科　□高职高专　□中专	
知识	专业知识	自动化、机电一体化等相关专业	
	业务知识	熟悉电路图，具备一定的电子设备和机械知识，能够阅读设备原理图	
	基础知识	1. 了解公司设备的相关国家标准，熟悉国际质量体系专业知识 2. 懂得成本管理核算	
经验	工作经验	设备维修管理3年以上工作经验，有大型动力设备维修管理经验者优先	
	培训经历	具有设备维修与设备安全等相关技能培训经历	
能力	基础能力	1. 能够熟练使用制图软件（Auto CAD等） 2. 熟练操作办公软件	
	通用能力	1. 良好的人际交往与沟通能力，团队协作能力强 2. 优秀的问题分析与解决能力	
	管理能力	1. 具备良好的目标管理能力 2. 具备好的教练能力，高效提升下属工作技能	
技能	上岗技能	持有设备工程师或机械工程师资格证书	
	业务技能	具备优秀的安全管理能力和安全操作技能	
素养	自身素养	1. 具有较强的动手能力、计划执行能力 2. 具有较强的学习能力	
	职业素养	具备较强的工作责任心，工作认真负责，工作态度端正	

9.1.4 设备技术主管胜任标准

职位基本信息	
职位名称：设备技术主管 所属部门：	职位编号： 直接上级：

胜任项	胜任子项	具体要求
学历	学习形式	☑全日制　□函授　□自考　□夜大
	学历层次	□博士　□硕士　□本科　☑专科　□高职高专　□中专
知识	专业知识	机械设计制造、机电一体化、电气自动化等相关专业
	业务知识	1. 熟悉电气控制相关原理，对电气元件有所了解 2. 懂机械图纸、电气回路图、油空压回路图、机械设计图 3. 了解工艺文件质量评定的相关知识
	基础知识	1. 熟悉国家有关本行业技术、质量方面的法律法规 2. 熟练掌握相关专业国家标准，特别是 ISO 体系、CE 认证知识
经验	工作经验	在本行业领域或相关行业有 3 年以上技术管理及项目管理的工作经验，具有 2 年以上主管技术、质量工作的经验
	培训经历	具有项目管理、技术管理、质量管理、质量/计量法规等方面的培训经历
能力	基础能力	1. 能够熟练使用各种设计、制图类软件等 2. 熟练操作办公软件
	通用能力	具备良好的与上级和下属沟通、协调、组织和团队协作能力
	管理能力	1. 具备优秀的团队建设与团队管理能力，能够合理分工，促进团队工作效率 2. 具备好的教练能力，高效提升下属工作技能
技能	上岗技能	持有设备工程师或机械工程师等相关资格证书
	业务技能	1. 有确保公司年度技术目标展开，为公司实现技术、质量控制的能力 2. 熟知生产过程的技术、质量控制点，并明确这些控制点的基本技术、质量要求的能力
素养	自身素养	具有很强的动手能力、计划执行及学习能力
	职业素养	具有较强的责任意识，高度的工作热情，良好的职业道德

9.2 设备管理类岗位工作标准体系设计

9.2.1 设备部经理工作标准

工作事项	工作依据与规范	工作成果或目标
1. 设备计划管理	◆ 企业年度生产计划，设备管理总体目标、方针和策略，市场研究分析报告，计划编制规范	1) 编制各项设备管理计划 2) 各项计划完成率达100%
2. 设备制度管理	◆ 相关国家及地方法律法规、行业规范、企业资产管理相关制度、6S作业规范、ISO体系文件、制度编写规范	1) 编制各项设备管理制度 2) 编制各项设备操作规范 3) 编制各类操作流程、手册
3. 设备采购管理	◆ 企业年度预算、企业采购管理规定、企业采购流程、《中华人民共和国招标投标法》、年度设备采购计划、企业成本控制策略、企业合同管理办法	1) 采购计划完成率达100% 2) 采购成本节约率达＿＿％ 3) 设备采购质量合格率100% 4) 供应商档案完备率100%
4. 设备维护管理	◆ 企业设备维护相关办法和操作规范，年度设备维护保养计划，企业生产环境、设备说明书、设备保养维护记录	1) 确保设备完好率达＿＿％ 2) 设备故障率降低至＿＿％ 3) 设备保养计划完成率100%
5. 设备事故处理	◆《国务院关于特大安全事故行政责任追究的规定》《特种设备安全监察条例》等相关法律法规、行业规范、企业安全生产规定	1) 按时填报事故统计报表 2) 事故风险防范率达＿＿％ 3) 事故频率降低至＿＿％
6. 设备档案管理	◆ 企业档案管理制度、管理台账编制方法、企业档案审定工作流程及标准	1) 设备档案记录准确率100% 2) 设备档案归档率100%
7. 设备人员管理	◆ 企业组织架构、企业人力资源招聘计划与招聘方案、企业绩效考核方案、企业培训计划与方案	1) 核心员工保有率达100% 2) 部门培训计划完成率100%
8. 设备综合管理	◆ 企业设备报废管理制度、设备使用管理制度、设备备件采购办法与管理制度、设备租赁办法、设备转让规定	1) 设备有效利用率100% 2) 动力供应及时率100%

9.2.2 设备工程师工作标准

工作事项	工作依据与规范	工作成果或目标
1. 设备验收	◆ 设备购买合同、设备招标文件、设备试车规范、设备性能验收指标、设备性能验收方案、设备技术资料、设备验收流程、设备技术资料验收要求	1) 设备验收任务完成率100% 2) 设备验收完整率达100% 3) 设备验收及时率达100%
2. 设备安装	◆ "机械设备安装工"等国家职业技能标准,设备安装规范及安装程序,设备平面布置图,设备安装工艺和有关安装的技术文件(如基础图、质量标准等),设备说明书	1) 设备安装及时率达100% 2) 安装操作规范率达____% 3) 安装操作安全率达100%
3. 设备调试	◆ 设备出厂产品合格证、质量证明书、设备相关技术文件、设备验收记录、设备安装记录、设备调试方案、设备调试实施办法、设备调试流程	1) 设备调试任务完成率100% 2) 设备调试故障排除率100% 3) 设备调试记录完整率100%
4. 设备使用	◆ 设备操作规程、设备档案管理办法、设备使用说明书、设备相关技术文件、设备验收记录、设备安装记录、设备调试记录、设备维修记录、设备技术鉴定书、设备保养及维修办法	1) 违规操作设备次数为0 2) 日常设备维护及时率100% 3) 设备润滑点检执行率100% 4) 设备操作记录准确率100%
5. 设备点检	◆ 设备点检管理制度及流程、设备校正管理制度及流程、设备点检员国家职业技能标准、设备点检作业标准、年度设备点检计划	1) 设备点检计划完成率100% 2) 设备开动率达____%以上 3) 设备故障停机率____%以下 4) 点检不良处理及时率100% 5) 设备点检记录准确率100%

9.2.3 设备维修主管工作标准

工作事项	工作依据与规范	工作成果或目标
1. 维修计划管理	◆ 设备管理的总体目标、方针和策略,市场研究分析报告、年度设备管理计划、企业年度设备管理预算及维修预算、计划编制规范	1) 协助上级制订设备计划 2) 维修计划完成率达100%

续表

工作事项	工作依据与规范	工作成果或目标
2. 设备维修管理	◆ 企业相关设备管理制度和操作规程、企业年度设备大中修计划、设备使用说明书、维修工国家职业技能标准、设备点检员国家职业技能标准、设备维修培训方案、TnPM设备管理体系	1) 设备维修计划完成率100% 2) 设备维修及时率100% 3) 维修质量问题发生率____% 4) 设备事故抢修及时率100% 5) 设备大修返修率为0
3. 设备维护保养	◆ 企业相关设备管理制度和操作规程,设备使用说明书、特殊设备维护保养办法,保养员、维护工等国家职业技能标准	1) 年度保养计划完成率100% 2) 设备保养任务完成率100% 3) 设备周期检定率100%
4. 设备故障管理	◆ 企业相关设备管理制度和操作规程、设备使用说明书、企业设备故障预警系统、设备故障处理流程、设备故障处理培训方案	1) 故障停机率低于____% 2) 故障停机损失____元以下 3) 故障排除及时率100% 4) 设备故障复修率为0
5. 维修记录管理	◆ 企业档案管理制度、设备档案管理办法、企业档案建档流程、档案密级管理规范、设备维修管理制度及流程	1) 做好故障记录统计分析 2) 巡检记录准确率达100% 3) 故障记录完备率达100% 4) 维修记录完好率达100%
6. 维修费用管理	◆ 设备年度检修计划、年度设备管理预算及维修预算、企业成本控制规范	1) 设备维修费超支率为0 2) 万元产值维修费用率____% 3) 外委维修费用低于____元

9.2.4　设备技术主管工作标准

工作事项	工作依据与规范	工作成果或目标
1. 设备更新改造	◆ 企业生产与技术发展前景、产品更新换代规划情况,企业年度设备采购预算,企业现有设备状况,企业设备折旧基金,设备年度更新改造计划	1) 更新改造计划完成率100% 2) 设备净新度达____% 3) 设备更新改造及时率100% 4) 设备更新改造达标率100%
2. 设备技术改造	◆ 技改项目建议书、技改项目任务书、可行性研究报告、技改方案、技改设计图纸,年度设备技术改造计划、年度技改资金预算,企业技术改造管理制度	1) 技术改造验收合格率100% 2) 备件磨损率降低至____% 3) 技术改造投资利用率____%

续表

3. 设备技术指导	◆ 设备技术资料及相关工艺质量标准、施工技术图纸、工时定额标准、材料消耗计划、企业设备相关操作规范和流程、企业设备操作技术及安全培训方案	1) 技术指导手册完整率100% 2) 技术培训计划完成率100% 3) 设备技术指导及时率100% 4) 技术指导满意率100%
4. 设备技术鉴定	◆ 设备技术鉴定相关国标或行业标准、设备设计制造标准、设备修理标准、设备安全运行规程、企业设备报废标准、能耗标准、环保标准、行业或企业设备生产运行工艺技术要求、被鉴定设备的技术档案	1) 技术鉴定任务按时完成率达100% 2) 技术鉴定结果准确率100% 3) 技术鉴定成本控制率____%
5. 技术档案管理	◆ 企业档案管理制度、设备档案管理办法、企业档案建档流程、档案密级管理规范、设备技术资料档案索引目录	1) 技术档案准确率100% 2) 技术档案归档率100% 3) 档案更新及时率100%

9.3 设备管理类岗位结果标准体系设计

9.3.1 设备部经理结果标准

职位名称：设备部经理			评估时间： 年 月 日

结果项目	评估指标	权重	评估标准
设备维护管理	设备保养计划完成率	15%	1. 设备保养计划完成率=$\frac{实际保养的设备台数}{计划保养的设备台数} \times 100\%$ 2. 设备保养计划完成率≥____%，考核得分为 [90, 100]，设备保养计划完成率≤____%，考核得分为 0，介于两者之间时，考核得分为 [80, 90]
设备维护管理	设备完好率	25%	1. 设备完好率=$\frac{设备完好的台数}{设备总台数} \times 100\%$ 2. 设备完好率须达____%，每降低一个百分点，扣____分
设备维护管理	设备故障停机率	15%	1. 设备故障停机率=$\frac{因故障不能工作的时间}{设备作业的总时长} \times 100\%$ 2. 设备故障停机率控制在____%以内，每超____%，扣____分
设备采购管理	大宗设备采购成本节约率	15%	1. 大宗设备采购成本节约率 =$\frac{大宗设备采购资金节约额度}{大宗设备采购总额} \times 100\%$ 2. 大宗设备采购成本节约率应在 [____%－____%，____%＋____%] 范围内时，此项考核得 [80, 100] 分，每增____个百分点增____分；节约率不在此范围内时，得分为 0

续表

结果项目	评估指标	权重	评估标准
员工管理	员工培训计划完成率	15%	1. 员工培训计划完成率=$\dfrac{员工实际培训次数}{员工培训计划总次数}\times100\%$ 2. 员工培训计划完成率≥___%，每低___%，扣___分
	核心员工保有率	15%	1. 核心员工保有率=$\dfrac{现有核心员工人数}{年初核心员工人数}\times100\%$ 2. 核心员工保有率≥___%，每降低一个百分点，扣___分

9.3.2 设备工程师结果标准

职位名称：设备工程师	评估时间： 年 月 日

结果项目	评估指标	权重	评估标准
设备点检和保养任务	设备点检任务完成率	20%	1. 设备点检任务完成率=$\dfrac{设备点检任务完成量}{设备点检任务分配量}\times100\%$ 2. 设备点检任务完成率≥___%，每降低___%，扣___分
	设备开动率	15%	1. 设备开动率=$\dfrac{设备开动台数}{实际设备台数}\times100\%$ 2. 设备开动率≥___%，每降低一个百分点，扣___分
	设备故障停机率	15%	1. 设备故障停机率=$\dfrac{设备故障停机台时}{实际开动台时+停机台时}\times100\%$ 2. 设备故障停机率控制在___%以内，每超过一个百分点，扣___分
设备保养	设备保养任务完成率	30%	1. 设备保养任务完成率=$\dfrac{设备保养任务完成量}{设备保养任务分配量}\times100\%$ 2. 设备保养任务完成率≥___%，每降低___%，扣___分
设备档案管理	设备操作记录错误率	10%	1. 设备操作记录错误率=$\dfrac{设备操作记录有误数量}{设备操作记录总数量}\times100\%$ 2. 设备操作记录错误率控制在___%以内，每超过___%，扣___分
	设备操作记录全面率	10%	1. 设备操作记录全面率=$\dfrac{设备操作记录实际归档的数量}{设备操作记录归档的总数量}\times100\%$ 2. 设备操作记录全面率≥___%，每降低___%，扣___分

9.3.3 设备维修主管结果标准

职位名称：设备维修主管			评估时间： 年 月 日	

结果项目	评估指标	权重	评估标准
设备维修计划完成情况	设备维修计划完成率	10%	1. 设备维修计划完成率＝$\frac{实际维修设备的台数}{设备维修计划完成台数} \times 100\%$ 2. 设备维修计划完成率≥____%，每降低____%，扣____分
	设备维修及时率	10%	1. 设备维修及时率＝$\frac{设备及时抢修次数}{设备需抢修的总次数} \times 100\%$ 2. 设备维修及时率≥____%，每降低____%，扣____分
维修费用控制	外委维修费用控制率	20%	1. 外委维修费用控制率＝$\frac{外委维修费用实际发生额}{外委维修费用计划总额} \times 100\%$ 2. 外委维修费用控制率在［100%－____%，100%＋____%］范围内时，此项考核得［80，100］分，每少____个百分点，增____分；控制率不在此范围时，得分为 0
	万元产值维修费用率	15%	1. 万元产值维修费用率＝$\frac{维修费用总额}{总产值（以万元计）} \times 100\%$ 2. 万元产值维修费用率≤____%，每超____个百分点，扣____分
设备故障	设备故障修复率	10%	1. 设备故障修复率＝$\frac{设备故障修复台数}{发生故障设备的总台数} \times 100\%$ 2. 设备故障修复率≥____%，每少____个百分点，扣____分
设备日常维护	设备周期检定率	10%	1. 设备周期检定率＝$\frac{实际完成周期检定的台数}{计划周期检查的台数} \times 100\%$ 2. 设备周期检定率≥____%，每少____个百分点，扣____分
	维修培训计划完成率	10%	1. 维修培训计划完成率＝$\frac{维修培训完成次数}{维修培训计划次数} \times 100\%$ 2. 维修培训计划完成率≥____%，每降低____%，扣____分
	维修质量问题发生率	5%	1. 维修质量问题发生率 ＝$\frac{维修工作出现质量问题的次数}{维修总次数} \times 100\%$ 2. 维修质量问题发生率控制在____%以内，每超____个百分点，扣____分
设备事故的抢修	设备大修返修率	10%	1. 设备大修返修率＝$\frac{实际发生返工工时}{同期发生大修全部工时} \times 100\%$ 2. 设备大修返修率控制在____%以内，每超____%，扣____分

9.3.4 设备技术主管结果标准

职位名称：设备技术主管			评估时间： 年 月 日

结果项目	评估指标	权重	评估标准
设备引进评估管理	新引进设备退换率	25%	1. 新引进设备退换率 = $\dfrac{\text{新引进设备退换台数}}{\text{设备引进总台数}} \times 100\%$ 2. 新引进设备退换率控制在____%以内，每超____%，扣____分
日常运行技术支持与管理	设备故障停机率	20%	1. 设备故障停机率 = $\dfrac{\text{设备故障停机台时}}{\text{实际开动台时}+\text{停机台时}} \times 100\%$ 2. 设备故障停机率控制在____%以内，每超过一个百分点，扣____分
	设备运行评估报告提交问题率	15%	1. 设备运行评估报告提交问题率 = $\dfrac{\text{设备运行评估报告有问题的份数}}{\text{设备运行评估报告的总份数}} \times 100\%$ 2. 设备运行评估报告提交问题率控制在____%以内，每超过一个百分点，扣____分
设备更新改造管理	设备更新改造计划完成率	25%	1. 设备更新改造计划完成率 = $\dfrac{\text{实际更新改造设备台数}}{\text{计划更新改造的设备台数}} \times 100\%$ 2. 设备更新改造计划完成率≥____%，每降低一个百分点，扣____分
设备技术指导	技术培训计划完成率	15%	1. 技术培训计划完成率 = $\dfrac{\text{实际开展技术培训的次数}}{\text{计划开展技术培训的次数}} \times 100\%$ 2. 技术培训计划完成率≥____%，每降低____%，扣____分

第 10 章

安全保障类岗位任职资格标准体系

10.1 安全保障类岗位胜任标准体系设计

10.1.1 安全经理胜任标准

职位基本信息	
职位名称：安全经理 所属部门：	职位编号： 直接上级：

胜任项	胜任子项	具体要求
学历	学习形式	☑全日制　□函授　□自考　□夜大
	学历层次	□博士　□硕士　□本科　☑专科　□高职高专　□中专
知识	专业知识	专业不限
	业务知识	1. 熟悉安保工作流程 2. 熟悉安全管理相关知识
	基础知识	1. 了解企业安全管理现状及发展要求 2. 对安全条例、消防法规等法律法规有全面的了解
经验	工作经验	1. 5年以上相关工作经验 2. 2年以上企业安保管理工作经验
	培训经历	1. 参加过消防安全培训与演习 2. 参加过治安保卫方面的培训
能力	基础能力	1. 具有一定的计算机操作能力 2. 具有良好的学习能力
	通用能力	1. 具有良好的沟通能力和组织协调能力 2. 具有较强的应变能力 3. 具有一定的问题分析与解决能力
	管理能力	具有较强的目标管理能力，有一定的决策能力，具有团队建设能力
技能	上岗技能	拥有高级保安员证书
	业务技能	具有良好的安全管理能力，有一定的安全操作技能
素养	自身素养	工作积极主动，充满自信
	职业素养	组织纪律好，严于律己，勇于承担责任，安全意识强

10.1.2 后勤主管胜任标准

职位基本信息	
职位名称：后勤主管 所属部门：	职位编号： 直接上级：

胜任项	胜任子项	具体要求
学历	学习形式	☑全日制　□函授　□自考　□夜大
	学历层次	□博士　□硕士　□本科　☑专科　□高职高专　□中专
知识	专业知识	企业管理、行政管理、安全管理及物业管理等相关专业
	业务知识	1. 了解行政管理、物业管理等相关知识 2. 熟悉企业行政后勤事务的运作与管理
	基础知识	掌握企业资产状况，熟悉安全管理相关法律法规
经验	工作经验	3年以上后勤、资产管理工作经验
	培训经历	参加过保安、安全管理等方面的培训
能力	基础能力	1. 具有一定的办公软件操作能力 2. 具有一定的文字写作能力
	通用能力	1. 具有良好的沟通能力，能积极与上级和下属进行顺畅沟通，及时了解和掌握下属的工作状态 2. 具有良好的组织能力，能够有效组织下属开展工作，顺利完成后勤工作任务 3. 具有较强的协调能力，可以很好地协调与企业内、外部门的关系，顺利完成企业交办的工作
	管理能力	具有优秀的团队建设能力、良好的授权控制能力
技能	上岗技能	无要求
	业务技能	1. 具有后勤事务处理能力 2. 具有固定资产管理能力
素养	自身素养	工作积极主动、吃苦耐劳
	职业素养	具有敬业精神，具有良好的合作意识

10.1.3　车辆主管胜任标准

	职位基本信息	
职位名称：车辆主管 所属部门：		职位编号： 直接上级：

胜任项	胜任子项	具体要求
学历	学习形式	□全日制　☑函授　☑自考　☑夜大（打多个钩者表示符合其中一种形式即可）
	学历层次	□博士　□硕士　□本科　☑专科　□高职高专　□中专
知识	专业知识	专业不限
	业务知识	熟悉安全知识，熟悉车辆审验、保险、修理和违章等各种情况的办理程序
	基础知识	熟悉交通法律法规及驾驶证管理办法，熟悉车辆的性能及操作技巧
经验	工作经验	1.3年以上车辆管理经验 2.5年以上驾龄
	培训经历	参加过道路交通安全方面的培训
能力	基础能力	具有一定的学习能力和文字写作能力
	通用能力	具有较强的沟通能力、组织协调能力、计划管理能力
	管理能力	具有良好的团队建设能力，有一定的教练能力，能指导下属的工作
技能	上岗技能	具有驾驶执照
	业务技能	有较强的车辆维护保养技能、常见故障排查能力、车辆调度运营能力
素养	自身素养	工作积极主动，乐于助人
	职业素养	具有敬业精神，勇于承担责任

10.1.4　餐厅主管胜任标准

	职位基本信息	
职位名称：餐厅主管 所属部门：		职位编号： 直接上级：

胜任项	胜任子项	具体要求
学历	学习形式	☑全日制　□函授　□自考　□夜大
	学历层次	□博士　□硕士　□本科　☑专科　☑高职高专　☑中专

续表

胜任项	胜任子项	具体要求
知识	专业知识	烹饪相关专业
	业务知识	具备管理方面的知识，熟悉食品卫生、食品安全相关知识
	基础知识	熟悉食品卫生相关法律法规，熟悉食材的性能
经验	工作经验	1年以上同岗位工作经验
	培训经历	参加过管理类相关培训，以及食品卫生、食品安全方面的相关培训
能力	基础能力	具有较强的学习能力及一定的文字写作能力
	通用能力	具有良好的沟通能力、较强的组织协调能力，要有很强的创新能力
	管理能力	1. 具备激励能力，能激励下属努力完成工作 2. 具有督导能力，能监督指导下属工作 3. 具有教练能力，能对下属工作进行示范，提高下属烹调水平，不断培养出优秀的餐厅厨师
技能	上岗技能	具有中式面点师、中式烹调师等相关资格证书
	业务技能	具有较强的业务监控能力、食谱创新能力
素养	自身素养	工作积极主动、踏实认真，纪律性强，不违反企业相关制度
	职业素养	1. 不贪，即不利用职权谋取私利 2. 具备良好的客户服务意识

10.2 安全保障类岗位工作标准体系设计

10.2.1 安全经理工作标准

工作事项	工作依据与规范	工作成果或目标
1. 制度制定与实施	◆ 安全保障管理目标，制度编制规范，上年度已制定的制度，安全事故报告、安全检查报告	1) 及时制定相关制度 2) 落实全部制度
2. 安全保卫管理	◆ 企业安保目标、企业安保管理制度、企业安保设施检查和维护保养制度、安全隐患排查规范、安全事故报告制度及流程	1) 安保设施完好率达＿＿% 2) 安全隐患排查率达＿＿% 3) 安全事故发生次数为0

续表

3. 安全教育与培训	◆ 企业培训管理制度、企业安全培训计划、安全培训预算、企业安全培训教育作业指导书	1）及时制订培训计划 2）培训计划完成率达____%
4. 部门管理	◆ 企业安保管理制度、部门预算、人力资源管理制度、企业档案建立及保管规范	部门核心员工流失率控制在____%以下

10.2.2 后勤主管工作标准

工作事项	工作依据与规范	工作成果或目标
1. 食堂、宿舍管理	◆ 后勤管理各项制度及计划、食堂管理规范、宿舍入住管理规定、宿舍安全管理规范	食宿服务满意度评级不低于____分
2. 清洁绿化管理	◆ 办公区绿化管理制度，绿化作业指导书、办公区清洁卫生管理制度	环境卫生达标率达____%
3. 车辆管理	◆ 企业固定资产明细账、费用报销制度、人员用车情况统计表、车辆年检相关规定	1）车辆完好率达____% 2）及时办理车辆年检
4. 后勤经费预算及控制	◆ 企业费用支出计划、企业费用报销规定、后勤经费支出年度预算、后勤设施设备维修保养计划	后勤费用控制在预算内
5. 后勤投诉处理	◆ 投诉处理规定及流程、员工后勤服务投诉处理报告书、员工后勤服务满意度评价表	投诉处理及时率达____%

10.2.3 车辆主管工作标准

工作事项	工作依据与规范	工作成果或目标
1. 车辆养护	◆ 上一年的历史车辆养护数据、车辆维修保养计划、车辆维修保养费用预算	1）按时完成车辆保养计划 2）车辆完好率达____%
2. 日常车辆管理	◆ 日常车辆使用管理制度、车辆调度计划、车辆使用规范、百公里耗油控制计划	1）车辆调度正确率达____% 2）出车及时率达____% 3）车辆耗油控制在限额以内
3. 车辆年检管理	◆ 车辆年检相关法律法规、车辆年检记录	车辆年检办理及时率达100%
4. 突发事件管理	◆ 交通安全管理规定、交通事故处理相关规定、企业危机公关政策、企业突发事件处理规定及流程、企业年度财务预算	1）违章总次数控制在一次内 2）交通事故处理及时率达____%

10.2.4 餐厅主管工作标准

工作事项	工作依据与规范	工作成果或目标
1. 组织烹制员工膳食	◆ 餐厅管理各项政策和目标、餐厅管理工作计划、餐厅管理规章制度、餐厅原有食谱、上个考核期员工餐饮满意度评分	1) 及时供应饭菜 2) 及时更新食谱 3) 提高员工餐饮满意度
2. 餐厅采购管理	◆ 餐厅管理制度、餐厅食谱、餐厅采购计划、采购工作管理制度	主食、蔬菜等原材料准备充足
3. 餐厅清洁卫生管理	◆ 餐厅清洁卫生作业规范、餐厅清洁计划、餐厅工作人员工作手册、餐厅清洁卫生检查制度、用餐安全事件控制规范、食物中毒报告及处理流程	1) 清洁卫生达标率达____% 2) 用餐安全事件发生次数 0
4. 餐厅成本费用控制	◆ 企业财务预算、企业餐厅费用支出计划、企业采购计划、企业餐厅成本费用控制制度、餐具损耗控制规范	1) 餐厅成本费用控制在预算以内 2) 餐具损耗率在____%以内
5. 下属管理	◆ 企业员工培训计划、企业员工绩效考核规范、餐厅培训计划、餐厅员工排班满意度评价	1) 合理安排员工排班 2) 培训计划完成率达____%

10.3 安全保障类岗位结果标准体系设计

10.3.1 安全经理结果标准

职位名称:安全经理			评估时间: 年 月 日

结果项目	评估指标	权重	评估标准
安保设施管理	安保设施完好率	20%	1. 安保设施完好率 = $\dfrac{\text{安保设施完好数}}{\text{安保设施总数}} \times 100\%$ 2. 安保设施完好率达100%,每发现1处不完好,扣____分
安全隐患排查	安全隐患整改率	25%	1. 安全隐患整改率 = $\dfrac{\text{整改完成的安全隐患处数}}{\text{当期应该整改完成的安全隐患处数}} \times 100\%$ 2. 安全隐患整改率达100%,每发现1处未整改,扣____分

续表

结果项目	评估指标	权重	评估标准
安全事故防范	安全事故发生次数	20%	1. 安全事故发生次数是指考核期内企业安全事故发生的总次数 2. 安全事故发生次数为0，每发生1次安全事故，扣____分
培训计划实施	培训计划完成率	20%	1. 培训计划完成率 = $\dfrac{\text{实际完成培训项目（次数）}}{\text{计划培训的项目（次数）}} \times 100\%$ 2. 培训计划完成率达100%，每降低____%，扣____分
部门员工管理	核心员工流失率	10%	1. 核心员工流失率 = $\dfrac{\text{部门核心员工离岗数}}{\text{部门核心员工总数}} \times 100\%$ 2. 核心员工流失率控制在____%，每提高____%，扣____分
安全制度管理	制度制定及时率	5%	1. 制度制定及时率 = $\dfrac{\text{本期按时制定的制度数}}{\text{本期应制定的制度数}} \times 100\%$ 2. 制度制定及时率达100%，每降低____%，扣____分

10.3.2 后勤主管结果标准

职位名称：后勤主管			评估时间：　年　月　日

结果项目	评估指标	权重	评估标准
食宿服务	食宿满意度	20%	1. 接受评估的部门对后勤食宿服务满意度评分的算术平均值 2. 食宿服务满意度评分不低于____分，满意度评分每降低____分，扣相应考核分____分
环境卫生管理	环境卫生达标率	20%	1. 环境卫生达标率 = $\dfrac{\text{环境卫生检查达标的次数}}{\text{环境卫生检查的总次数}} \times 100\%$ 2. 环境卫生达标率为100%，每降低____%，扣____分
车辆保管	车辆完好率	15%	1. 车辆完好率 = $\dfrac{\text{考核期内完好的车辆数}}{\text{同期所有的车辆数}} \times 100\%$ 2. 车辆完好率为100%，每降低____%，扣____分
车辆年检	车辆年检及时性	15%	1. 车辆年检及时性是指在规定时间内完成企业所有车辆证照年检工作的情况 2. 考核期内未及时办理各种车辆年检手续的次数控制在____次以内，每超出____次，扣____分
控制后勤费用	后勤费用预算达成率	15%	1. 后勤费用预算达成率 = $\dfrac{\text{考核期内后勤费用开支数额}}{\text{考核期内后勤费用预算额}} \times 100\%$ 2. 后勤费用预算达成率在[100%－____%，100%＋____%]范围时，则考核得[80, 100]分，每少____%加____分；若达成率不在此范围内，考核得分为0

续表

结果项目	评估指标	权重	评估标准
后勤投诉处理	投诉处理及时率	15%	1. 投诉处理及时率 = $\dfrac{考核期内及时处理的后勤服务投诉数}{考核期内后勤服务投诉总数} \times 100\%$ 2. 投诉处理及时率达100%，每降低____%，扣____分

10.3.3 车辆主管结果标准

职位名称：车辆主管			评估时间：　　年　月　日

结果项目	评估指标	权重	评估标准
车辆保养	车辆保养计划按时完成率	15%	1. 车辆保养计划按时完成率 = $\dfrac{考核期内车辆按时保养次数}{同期计划保养总次数} \times 100\%$ 2. 车辆保养计划完成率达100%，每降低____%，扣____分
车辆保管	车辆完好率	15%	1. 车辆完好率 = $\dfrac{考核期内完好的车辆数}{同期所有的车辆数} \times 100\%$ 2. 车辆完好率达100%，每降低____%，扣____分
车辆调度	车辆调度正确率	15%	1. 车辆调度正确率 = $1 - \dfrac{调度出错次数}{同期出车总次数} \times 100\%$ 2. 车辆调度正确率达100%，每出现1次错误，调度扣____分
	出车及时率	15%	1. 出车及时率 = $\dfrac{按出车单要求及时出车次数}{出车总次数} \times 100\%$ 2. 考核期内出车及时率达100%，每出现1次未按时出车的情况，扣____分
车辆油耗控制	车辆耗油控制率	10%	1. 车辆耗油控制率 = $\dfrac{车辆百公里实际耗油量}{本款车设定的百公里耗油标准} \times 100\%$ 2. 车辆百公里耗油量控制在限额以内，每超出____%，扣____分
车辆年检	车辆年检及时性	10%	1. 车辆年检及时性是指在规定时间内完成企业所有车辆证照年检工作的情况 2. 考核期内未及时办理各种车辆年检手续的次数控制在____次以内，每超出____次，扣____分
交通违章控制	交通违章总次数	10%	1. 交通违章总次数是考核期内车辆交通违章的次数之和 2. 交通违章总次数低于____次，每增加____次，扣____分
及时处理交通事故	交通事故处理及时率	10%	1. 交通事故处理及时率 = $\dfrac{及时处理的交通事故数量}{交通事故总数} \times 100\%$ 2. 交通事故处理及时率达100%，每降低____%，扣____分

10.3.4 餐厅主管结果标准

职位名称:餐厅主管			评估时间: 年 月 日

结果项目	评估指标	权重	评估标准
餐厅服务	饭菜提前或延误的次数	20%	1. 饭菜提前或延误的次数是指饭菜供应的时间比餐厅规定的时间提前或延后 2. 出现饭菜提早或延后的情况控制在___次/月,每超过___次,当月考核分扣___分
	餐厅服务满意度	10%	1. 餐饮服务满意度是通过对员工发放餐饮服务满意度调查问卷,计算其满意度评分的算术平均值而得出的 2. 满意度评分达到___分,评分每降低___分,扣___分
菜品创新	菜品出新率	10%	1. 菜品出新率 = $\frac{每月菜品出新数量}{餐厅菜品总数量} \times 100\%$ 2. 菜品出新率达到___%以上,每降低___%,扣___分
原材料采购	原材料采购及时率	10%	1. 原材料采购及时率 = $\frac{规定时间内完成采购的原材料数}{应完成采购的原材料总数} \times 100\%$ 2. 原材料采购及时率为100%,每降低___%,扣___分
餐厅清洁卫生管理	清洁卫生达标率	10%	1. 清洁卫生达标率 = $\frac{餐厅清洁卫生检查达标的次数}{餐厅清洁卫生检查的总次数} \times 100\%$ 2. 清洁卫生达标率控制在100%,每降低___%,扣___分
用餐安全管理	用餐安全事件发生次数	10%	1. 用餐安全事件发生次数指考核期内用餐安全事件的总次数 2. 每发生一次员工食物中毒事故,且未造成严重后果的,扣___分;造成严重后果但未致死亡的,本项得分为0,并给予警告、记过的行政处分;因食物中毒而造成死亡事故,直接给予撤职处分,并承担相应责任
餐厅成本费用控制	餐厅成本费用预算控制率	10%	1. 餐厅成本费用预算控制率 = $\frac{餐厅成本费用实际开支数额}{餐厅成本费用预算额} \times 100\%$ 2. 餐厅成本费用预算控制率为100%,每增加___%,扣___分
	餐具损耗率	10%	1. 餐具损耗率 = $\frac{餐具损耗数}{餐具总数} \times 100\%$ 2. 餐具损耗率控制在___%以内,每增加___%,扣___分
餐厅培训管理	部门员工技能提升率	10%	1. 部门员工技能提升率 = $\frac{年末技能评估得分 - 年初技能评估得分}{年初技能评估得分} \times 100\%$ 2. 考核期内下属员工工作技能提升率达___%,每降低___%,扣___分

第 11 章

行政人事类岗位任职资格标准体系

11.1 行政人事类岗位胜任标准体系设计

11.1.1 行政经理胜任标准

职位基本信息	
职位名称：行政经理 所属部门：	职位编号： 直接上级：

胜任项	胜任子项	具体要求
学历	学习形式	☑全日制　□函授　□自考　□夜大
	学历层次	□博士　□硕士　☑本科　□专科　□高职高专　□中专
知识	专业知识	行政管理、企业管理、法学、人力资源管理等相关专业
	业务知识	1. 熟练掌握企业行政管理知识 2. 了解企业行政管理工作流程 3. 掌握企业行政管理制度
	基础知识	熟悉行政管理知识、办公自动化知识以及公共关系管理知识
经验	工作经验	3年以上大、中型企业行政管理工作经验
	培训经历	1. 受过专业机构或企业的系统化行政业务知识培训 2. 受过企业储备干部培训
能力	基础能力	能够熟练操作Office办公软件，具备企业公文和文件的制作能力
	通用能力	1. 具备较强的人际交往能力、执行能力、沟通能力、组织协调能力 2. 具备极强的问题分析与解决能力、计划管理能力、应变能力
	管理能力	具有较强的战略管理能力、决策能力、团队建设能力、激励能力、督导能力
技能	上岗技能	具有职业经理人三级以上资格证书
	业务技能	具有较强的固定资产管理能力、行政事务处理能力以及公共关系管理能力
素养	自身素养	1. 具有较强的工作主动性和自律性 2. 较高的职业道德意识和公正的社会道德观念
	职业素养	具有较强的成就导向意识、企业忠诚度、工作责任心、成本意识

11.1.2 人事经理胜任标准

职位基本信息	
职位名称:人事经理 所属部门:	职位编号: 直接上级:

胜任项	胜任子项	具体要求
学历	学习形式	☑全日制　□函授　□自考　□夜大
	学历层次	□博士　□硕士　☑本科　□专科　□高职高专　□中专
知识	专业知识	人力资源管理、行政管理、企业管理、劳动关系等相关专业
	业务知识	1. 系统性掌握人力资源管理六大模块知识和运作流程 2. 熟悉人力资源战略管理与规划知识 3. 了解国内外人力资源管理动向
	基础知识	熟悉国家和地方劳动人事法律法规和相关政策,具备公文写作和办公自动化知识
经验	工作经验	3年以上大、中型企业人力资源管理工作经验
	培训经历	1. 受过专业机构或企业的系统化管理业务培训 2. 受过企业储备干部培训
能力	基础能力	能够熟练操作Office办公软件,具备企业公文和文件的制作能力
	通用能力	1. 具有较强的人际交往能力、沟通能力、组织协调能力和问题分析与解决能力 2. 具有良好的计划管理能力、系统思考能力和创新能力
	管理能力	1. 具有极强的战略管理能力、团队建设能力和决策能力 2. 具有良好的目标管理能力、督导能力以及激励能力
技能	上岗技能	具有企业人力资源管理师三级以上资格证书
	业务技能	具有良好的识人用人能力、企业文化建设能力、员工关系管理能力以及人力资源管理成本控制能力
素养	自身素养	1. 具有较强的工作主动性和自律性 2. 较高的职业道德意识和公正的社会道德观念
	职业素养	具有较高的企业忠诚度和成就导向意识,具有极高的全局规划观念和工作责任心

11.1.3　招聘专员胜任标准

职位基本信息	
职位名称：招聘专员 所属部门：	职位编号： 直接上级：

胜任项	胜任子项	具体要求
学历	学习形式	☑全日制　□函授　□自考　□夜大
	学历层次	□博士　□硕士　☑本科　□专科　□高职高专　□中专
知识	专业知识	人力资源管理、行政管理、企业管理、劳动法等相关专业
	业务知识	1. 系统性掌握人力资源管理知识 2. 熟悉企业招聘和运作流程 3. 掌握企业招聘工作的方法和技巧
	基础知识	熟悉国家人力资源社会保障法律法规和当地相关政策，熟悉公文写作的基本常识
经验	工作经验	两年以上人力资源管理工作经验，其中一年以上招聘工作经验
	培训经历	受过专业机构或企业的系统化招聘业务培训
能力	基础能力	能够熟练操作网络工具和Office办公软件，具备企业公文和文件的制作能力
	通用能力	具有较强的人际交往能力、执行能力、沟通能力、信息管理能力和应变能力
	管理能力	具有较强的决策能力和目标管理能力
技能	上岗技能	具有企业人力资源管理师四级以上资格证书
	业务技能	具有良好的识人用人能力以及招聘成本控制能力
素养	自身素养	具有较强的工作主动性和自律性 较高的职业道德意识和公正的社会道德观念
	职业素养	具有较强的工作责任心、企业忠诚度和敬业精神，以及良好的成本控制意识

11.1.4　绩效专员胜任标准

职位基本信息	
职位名称：绩效专员 所属部门：	职位编号： 直接上级：

胜任项	胜任子项	具体要求
学历	学习形式	☑全日制　□函授　□自考　□夜大
	学历层次	□博士　□硕士　☑本科　□专科　□高职高专　□中专

第11章　行政人事类岗位任职资格标准体系

续表

胜任项	胜任子项	具体要求
知识	专业知识	人力资源管理、企业管理等相关专业
	业务知识	1. 系统性掌握人力资源管理知识 2. 熟悉企业绩效管理和运作流程 3. 掌握企业绩效考核工作的方法和技巧
	基础知识	熟悉国家和地方人力资源社会保障法律法规和相关政策，熟悉公文写作的基本常识
经验	工作经验	两年以上人力资源管理工作经验，其中一年以上员工绩效管理工作经验
	培训经历	受过专业机构或企业的系统化绩效考核业务培训
能力	基础能力	能够熟练操作Office软件尤其是Excel软件，具备企业公文和报表的制作能力
	通用能力	具有较强的人际交往能力、沟通能力、计划管理能力、组织协调能力、执行能力
	管理能力	具有较强的目标管理能力和督导能力
技能	上岗技能	具有企业人力资源管理师四级以上资格证书
	业务技能	具有良好的识人用人能力、绩效导向能力以及极强的信息收集与处理能力
素养	自身素养	1. 具有较强的工作主动性和自律性 2. 较高的职业道德意识和公正的社会道德观念
	职业素养	具有极强的企业忠诚度和成就导向意识，以及良好的全局观念和工作责任心

11.1.5　薪酬专员胜任标准

职位基本信息	
职位名称：薪酬专员 所属部门：	职位编号： 直接上级：

胜任项	胜任子项	具体要求
学历	学习形式	☑全日制　□函授　□自考　□夜大
	学历层次	□博士　□硕士　☑本科　□专科　□高职高专　□中专
知识	专业知识	人力资源管理、行政管理、企业管理、劳动法等相关专业
	业务知识	1. 系统掌握人力资源管理知识 2. 了解现代企业薪酬福利体系和社会保险经办机构办事流程与规定 3. 掌握国内外人力资源管理新动向与同行业薪酬福利水平
	基础知识	熟悉国家和地方人力资源社会保障法律法规和相关政策，熟悉公文写作的基本常识

续表

胜任项	胜任子项	具体要求
经验	工作经验	两年以上人力资源管理工作经验，其中一年以上薪酬福利管理相关工作经验
	培训经历	受过专业机构或企业的系统化绩效考核业务培训
能力	基础能力	能够熟练操作办公软件尤其是 Excel 软件，具备企业公文和报表的制作能力
	通用能力	1. 具有较强的人际交往能力、沟通能力、执行能力、组织协调能力 2. 具有良好的逻辑分析能力、系统思考能力和应变能力
	管理能力	具有较强的激励能力和目标管理能力
技能	上岗技能	具有企业人力资源管理师四级以上资格证书
	业务技能	具有良好的商务谈判能力以及薪酬福利规划能力
素养	自身素养	1. 具有较强的工作主动性和自律性 2. 较高的职业道德意识和公正的社会道德观念
	职业素养	具有较强的企业全局观念和工作责任心，以及极高的企业忠诚度和敬业精神

11.1.6 培训专员胜任标准

职位基本信息	
职位名称：培训专员 所属部门：	职位编号： 直接上级：

胜任项	胜任子项	具体要求
学历	学习形式	☑全日制　□函授　□自考　□夜大
	学历层次	□博士　□硕士　☑本科　□专科　□高职高专　□中专
知识	专业知识	人力资源管理、行政管理、人员培训、劳动法等相关专业
	业务知识	1. 系统掌握人力资源管理知识 2. 熟悉企业内部与外部培训的运作流程 3. 掌握培训需求分析与培训效果评估的方法和技巧
	基础知识	熟悉国家和地方人力资源社会保障法律法规和相关政策，熟悉公文写作的基本常识
经验	工作经验	两年以上人力资源管理工作经验，其中一年以上员工培训管理工作经验
	培训经历	受过专业机构或企业的系统化企业培训业务培训
能力	基础能力	能够熟练操作 Office 办公软件尤其是 Power Point 软件，具备课件的制作能力
	通用能力	具有较强的人际交往能力、沟通能力、创新能力、应变能力、计划管理能力、组织协调能力、执行能力
	管理能力	具有较强的督导能力和目标管理能力、激励能力、教练能力

续表

胜任项	胜任子项	具体要求
技能	上岗技能	具有企业人力资源管理师四级以上资格证书或具备企业培训师资格证书
	业务技能	具有良好的企业文化建设能力以及培训成本控制能力
素养	自身素养	具有较强的工作主动性和自律性,及较高的职业道德意识和公正的社会道德观念
	职业素养	认同企业文化,具有极强的企业忠诚度和成就导向意识,以及良好的全局观念

11.1.7 人事专员胜任标准

职位基本信息		
职位名称:人事专员 所属部门:		职位编号: 直接上级:

胜任项	胜任子项	具体要求
学历	学习形式	☑全日制 □函授 □自考 □夜大
	学历层次	□博士 □硕士 ☑本科 □专科 □高职高专 □中专
知识	专业知识	人力资源管理、行政管理、企业管理、劳动法等相关专业
	业务知识	1. 系统掌握人力资源管理知识 2. 熟悉企业管理方法和运作流程 3. 掌握企业绩效管理工作的方法和技巧
	基础知识	熟悉国家和地方人力资源社会保障相关政策法规,熟悉公文写作和档案管理的基本知识
经验	工作经验	一年以上人力资源管理工作经验
	培训经历	受过专业机构或企业的人力资源业务知识培训
能力	基础能力	1. 能够熟练操作office系列办公软件,具备企业公文和文件的制作能力 2. 能够熟练对企业档案和资料进行分类、整理并归档的能力
	通用能力	具有较强的人际交往能力、沟通能力、执行能力、问题发现与解决能力和组织协调能力
	管理能力	具有较强的督导能力
技能	上岗技能	具有企业人力资源管理师四级以上资格证书或劳动关系协调员职业资格
	业务技能	具有良好的商务谈判能力、员工关系管理能力以及绩效导向能力

续表

胜任项	胜任子项	具体要求
素养	自身素养	1. 具有较强的工作主动性和自律性 2. 较高的职业道德意识和公正的社会道德观念
	职业素养	具有较高的敬业精神和企业忠诚度，并严格遵守企业各项规章制度

11.1.8 接待主管胜任标准

职位基本信息	
职位名称：接待主管 所属部门：	职位编号： 直接上级：

胜任项	胜任子项	具体要求
学历	学习形式	☑全日制　□函授　□自考　□夜大
	学历层次	□博士　□硕士　□本科　☑专科　□高职高专　□中专
知识	专业知识	中文、文秘、行政管理等相关专业
	业务知识	1. 熟悉行政管理和文秘等专业知识 2. 熟悉前台接待、迎接服务的工作内容和程序 3. 掌握客户接待和服务的方法和技巧
	基础知识	熟悉接打电话礼仪和客户接待礼仪以及公共关系知识，熟悉办公自动化知识
经验	工作经验	3年以上文秘、行政或前台工作经验
	培训经历	接受过专业机构或企业的接待和礼仪专业知识培训
能力	基础能力	能够较熟练运用Office系列软件，具备熟练运用接待和公共关系管理知识的能力
	通用能力	1. 具有较强的执行能力、问题发现与解决能力和组织协调能力 2. 具有极强的人际交往能力、沟通能力和应变能力
	管理能力	具有较强的团队建设能力、激励能力和督导能力
技能	上岗技能	具有客户服务管理师资格证书
	业务技能	具有较强的客户服务能力和公共关系管理能力
素养	自身素养	1. 具有较强的工作主动性和自律性 2. 较高的职业道德意识和公正的社会道德观念
	职业素养	认同企业文化，具有极高的客户服务意识，以及较高的敬业精神和企业忠诚度

11.1.9 办公秘书胜任标准

职位基本信息		
职位名称:办公秘书 所属部门:		职位编号: 直接上级:

胜任项	胜任子项	具体要求
学历	学习形式	☑全日制 □函授 □自考 □夜大
	学历层次	□博士 □硕士 □本科 ☑专科 □高职高专 □中专
知识	专业知识	文秘、行政管理相关专业
	业务知识	1. 掌握行政管理、文档管理及公关礼仪专业知识 2. 了解办公室相关工作流程和内容
	基础知识	熟悉公文写作知识、档案管理知识以及办公自动化知识,了解公共关系管理知识
经验	工作经验	1年以上文秘或行政管理相关工作经验
	培训经历	受过专业机构或企业针对公文或文案写作能力的培训
能力	基础能力	能够熟练使用Office系列软件和编写公文,了解Photoshop软件的基本运用
	通用能力	具有极强的执行能力、沟通能力,以及较强的组织协调能力、问题分析与解决能力、应变能力、信息管理能力
	管理能力	具有较强的目标管理能力
技能	上岗技能	具有秘书资格证书
	业务技能	具有公文和文案写作能力、文档管理能力、行政事务处理能力、会议组织能力
素养	自身素养	具有较强的自律性,较高的职业道德意识和公正的社会道德观念
	职业素养	具有较高的工作责任心、客户服务意识、敬业精神和企业忠诚度

11.2 行政人事类岗位工作标准体系设计

11.2.1 行政经理工作标准

工作事项	工作依据与规范	工作成果或目标
1. 规章制度的制定	◆ 企业章程、企业行政人事管理制度	1) 行政制度完善率达100% 2) 制度有效执行率达____%

续表

2. 行政事务管理	◆ 年度工作计划，重要任务布置，上级下达的重要命令、重要函电，行政管理制度，行政经理职位说明书，员工出差管理制度，行政会议管理制度	1）重要文件编制及时 2）重要会议按时召开 3）出差办理及时率达____％ 4）相关部门满意度达____分
3. 公关接待管理	◆ 企业行政接待管理制度、行政接待管理规范、上级领导行政接待方案与计划等	1）相关部门满意度达____分 2）来宾满意率达____分
4. 行政性资产管理	◆ 办公用品管理制度、办公用品申购办法、固定资产管理制度	1）行政资产采购计划完成率达到____％ 2）行政资产完好率达____％
5. 档案及保密管理	◆ 企业证照管理制度、企业档案管理制度、档案室管理规范、企业保密管理规范、文书档案保密管理规定	1）档案保管完整率达____％ 2）档案保管满意度达____分 3）保密目标达成率____％
6. 后勤保障管理	◆ 企业后勤服务管理制度、员工宿舍管理制度、安全保卫管理制度、车辆管理制度	1）员工满意度评价达____分 2）安保工作满意度达____分
7. 下属人员管理	◆ 行政人员管理制度、行政人员绩效考核管理办法、员工培训管理办法	1）人员配备合理性达____％ 2）人员考核及时率达____％

11.2.2 人事经理工作标准

工作事项	工作依据与规范	工作成果或目标
1. 部门工作规范的制定	◆ 企业章程、企业员工管理制度、企业发展的实际状况	1）人事制度完善率达____％ 2）制度制定规范、合理
2. 部门工作计划的制定和执行	◆ 人事工作计划管理制度、企业年度计划书、人力资源计划编制说明等	1）计划提交及时率达____％ 2）人事计划完成率达____％
3. 人力资源规划工作管理	◆ 人力资源规划管理制度、人力资源规划管理流程、人力资源管理体系等	1）人力资源规划编制及时率达____％ 2）规划工作领导满意度____分
4. 招聘工作管理	◆ 员工招聘管理制度、年度招聘方案、企业人员需求分析报告、职位说明书等	1）招聘工作完成率达____％ 2）招聘人员合格率达____％
5. 培训工作管理	◆ 企业培训管理制度、年度培训工作计划、培训管理工作实施细则、人员开发管理制度、培训工作评价办法等	1）培训计划完成率达____％ 2）培训目标达成率达____％ 3）培训评审及时率达____％

续表

6. 绩效考核工作管理	◆ 员工绩效考核管理制度、绩效考核实施方案、绩效面谈工作计划、员工日常业绩及行为记录	1) 考核计划完成率达____% 2) 员工满意度评分达____分 3) 员工申诉处理及时有效
7. 员工薪酬管理	◆ 企业薪酬管理制度、企业薪酬体系、劳动力市场薪酬调查报告、同行业薪酬调查报告、员工保险管理制度	1) 薪酬体系完善率达____% 2) 工资按时发放率____%
8. 员工关系管理	◆ 劳动法、员工关系管理制度、员工提案管理制度、员工投诉管理制度、员工离职办理制度等	1) 员工离职率低于____% 2) 员工满意度达____分

11.2.3 招聘专员工作标准

工作事项	工作依据与规范	工作成果或目标
1. 招聘渠道管理	◆ 员工招聘管理制度、招聘渠道管理制度	合作招聘单位不低于____家
2. 招聘计划管理	◆ 员工招聘管理制度、招聘计划管理制度、招聘工作实施管理制度	1) 招聘计划编制及时率达到100% 2) 招聘方案合理、可行
3. 招聘信息发布	◆ 招聘信息发布管理制度、招聘计划、招聘实施方案	1) 招聘信息发布及时率____% 2) 有效简历份数____
4. 考核应聘人员	◆ 员工招聘管理办法，应聘人员初试、面试管理方案应聘人员登记表、人员测评表、面试评价表、面试记录表等	1) 试题编制合理性达____% 2) 评分合理性达____% 3) 应聘人员投诉率低于____%
5. 录用	◆ 员工招聘管理制度、录用通知书、应聘人员简历及档案	1) 平均入职手续办理时间不高于____日 2) 入职人员满意度达____分
6. 工作总结	◆ 员工招聘管理制度、人力资源规划书等	招聘工作报告提交及时率达到____%

11.2.4 绩效专员工作标准

工作事项	工作依据与规范	工作成果或目标
1. 计划管理	◆ 上期绩效考核管理数据，本期绩效考核管理目标、绩效考核管理制度、企业绩效考核实施流程、绩效考核评分办法	1) 及时编制绩效考核计划 2) 绩效考核计划完成率应达到____%

续表

工作事项	工作依据与规范	工作成果或目标
2. 绩效考核管理	◆ 上期绩效考核数据、绩效考核管理制度、绩效考核评价表、报告编制规范	1) 编制绩效考核报告 2) 绩效考核报告提交及时率应达到____% 3) 考核结果错误率低于____%
3. 绩效激励管理	◆ 上期绩效考核数据，本期绩效考核报告，上期绩效激励方案、绩效考核管理制度、方案编制规范	1) 编制绩效激励方案 2) 绩效激励方案编制及时率应达到____%
4. 文件管理	◆ 绩效考核管理制度、档案管理制度、存档记录编写规范	1) 编制和更新绩效考核资料存档记录 2) 考核资料归档率达到____%
5. 服务管理	◆ 绩效考核管理制度、调查表编制规范、调查表范例、岗位职责	1) 及时编制满意度调查表 2) 协作部门满意度达到____分

11.2.5 薪酬专员工作标准

工作事项	工作依据与规范	工作成果或目标
1. 人力成本管理	◆ 上年同期人力成本数据，现年度人才招聘计划、企业人力成本预算计划、薪酬管理制度、报告编制规范	1) 编制人力成本分析报告 2) 企业薪酬预算执行率应控制在____%以内
2. 薪金管理	◆ 薪酬管理制度、考勤管理制度、工资计算方法、奖金计算方法、报表编制规范	1) 编制工资报表 2) 薪金计算差错数低于____次 3) 薪金异议处理平均天数少于____天
3. 社保管理	◆ 国家相关法律法规以及当地相关政策，员工保险管理制度，当地社会保险经办机构办事流程与规定	1) 新入职员工社保办理及时率应达到____% 2) 保险基数准确率达到____%
4. 薪酬体系管理	◆ 上年同期薪酬管理数据，现年度薪酬体系管理目标、薪酬管理制度、报告编制规范	1) 编制薪酬体系优化计划 2) 薪酬福利体系优化目标达成率应达到____% 3) 员工薪酬管理满意度____分

11.2.6 培训专员工作标准

工作事项	工作依据与规范	工作成果或目标
1. 培训计划管理	◆ 上年度企业培训总数、培训管理数据，现年度企业培训目标、培训管理制度、计划编制规范、计划审批制度	1) 及时编制培训计划 2) 培训计划完成率达到___% 3) 培训目标达成率达到___%
2. 培训成本管理	◆ 上年度培训预算、实际支出以及人均培训成本，今年度企业培训管理目标、培训管理制度、培训费用预算制度、计划编制规范、培训费用审批制度	1) 及时编制培训预算计划 2) 培训预算执行率低于___% 3) 人均培训成本应低于___元
3. 培训业务管理	◆ 企业培训管理目标、培训管理制度、评估报告编制规范、档案管理制度	1) 编制培训效果评估报告 2) 培训效果评估报告提交及时率应达到___% 3) 培训资料归档率应达___%

11.2.7 人事专员工作标准

工作事项	工作依据与规范	工作成果或目标
1. 劳动合同管理	◆ 人事招聘管理制度、合同编写规范、合同审核管理制度、员工管理制度	1) 劳动合同手续办理及时率应达到___% 2) 合同管理出错次数应控制在___次以内
2. 人事变动管理	◆ 员工管理制度、人事招聘管理制度、人员晋升管理制度、职位变更通知书、辞职信	人事变动手续办理及时率应达到___%
3. 人事档案管理	◆ 企业档案管理制度、档案借阅管理制度、存档记录编写规范、安全管理制度	1) 及时编制和更新人事档案存档记录 2) 人事档案完整率达到___% 3) 人事档案更新及时率应达到___%

续表

工作事项	工作依据与规范	工作成果或目标
4. 劳动纠纷管理	◆ 人事招聘管理制度、员工管理制度、国家《劳动法》和《合同法》、劳动纠纷处理工作流程	1）劳动纠纷损失金额应控制在____元以内 2）未和解劳动纠纷数量应控制在____件以内

11.2.8 接待主管工作标准

工作事项	工作依据与规范	工作成果或目标
1. 接待业务管理	◆ 重要客人接待方案、文件收发管理规范、公关管理制度、客户接待制度、参观接待制度	1）及时编制年度营销计划 2）信息传递及时率达到____% 3）接待方案提交及时率达到____%
2. 预算管理	◆ 行政费用预算制度、行政费用审批制度、办公费用预算方案	1）及时编制接待预算方案 2）接待预算执行率达到____%
3. 服务管理	◆ 前台礼仪规范、客户接待制度、客户投诉管理制度、参观接待制度、调查表范例、调查表编制规范、公关管理制度	1）及时编制满意度调查表 2）接待服务满意度达到____分 3）有效投诉控制在____次以内
4. 文件管理	◆ 企业档案管理制度、企业文书管理制度、接待记录编写范例	1）接待记录完整准确率达到____% 2）接待档案归档率达到____%
5. 员工管理	◆ 企业行政管理制度、考勤管理制度、前台礼仪规范、客户接待制度、参观接待制度、培训管理制度、计划编制规范	1）及时编制培训计划 2）接待培训计划完成率达到____% 3）下属成员违规率低于____次

11.2.9 办公秘书工作标准

工作事项	工作依据与规范	工作成果或目标
1. 文件管理	◆ 公司档案管理制度、公司文书管理制度、文件收发管理规范、各项事务类文书编写规范	1）及时编制各类文书 2）文件录入错误率低于____% 3）公文编制返稿率低于____% 4）文件处理及时率达到____%

续表

2. 日程管理	◆ 日程管理规范、日程编制规范、日程计划范例	1）及时编制和更新日程计划 2）日程安排合理率达到____%
3. 信息管理	◆ 文件收发管理规范、信息管理规范	未能及时将信息传达的次数应控制在____次以内
4. 会议管理	◆ 会议管理制度、会议室使用制度、会议设备管理制度、会议记录范例、会议纪要范例	1）编制会议计划安排表 2）会议准备差错率低于____% 3）会议记录完整率达到____%

11.3 行政人事类岗位结果标准体系设计

11.3.1 行政经理结果标准

职位名称：行政经理			评估时间：　　年　月　日

结果项目	评估指标	权重	评估标准
部门管理	部门计划完成率	10%	1. 部门计划完成率 = $\frac{实际完成部门计划项目数}{部门计划项目数} \times 100\%$ 2. 部门目标达成率达到____%，每降低____个百分点，扣____分
部门管理	部门管理制度完整率	10%	1. 部门管理制度完整率 = $1 - \frac{缺失管理制度数量}{部门制度标准数量} \times 100\%$ 2. 部门管理制度完整率应达到____%，每降低____个百分点，扣____分
行政费用管理	行政费用预算执行率	10%	1. 行政费用预算执行率 = $\frac{实际行政支出}{行政预算费用} \times 100\%$ 2. 部门预算执行率控制在____%以内，每超出____个百分点，扣____分
行政费用管理	行政事务处理率	10%	1. 行政事务处理及时率 = $1 - \frac{未及时处理次数}{行政事务总数} \times 100\%$ 2. 行政事务处理及时率应达到____%，每降低____个百分点，扣____分

续表

结果项目	评估指标	权重	评估标准
行政费用管理	办公设备完好率	5%	1. 办公设备完好率＝$\frac{完好设备总数}{办公设备总数}\times 100\%$ 2. 办公设备完好率达到＿＿%，每降低＿＿个百分点，扣＿＿分
	合理化建议数量	5%	考核期内合理化建议数量为＿＿次，每减少＿＿次，扣＿＿分
	安全事故发生次数	10%	安全事故每年不应超过＿＿次，每超出＿＿次，扣＿＿分
服务管理	行政服务满意率	10%	1. 行政服务满意率＝$\frac{满意评价部门总数}{应计评价部门总数}\times 100\%$ 2. 行政服务满意率达到＿＿%，每降低＿＿个百分点，扣＿＿分
员工管理	下属成员考核合格率	10%	1. 下属成员考核合格率＝$\frac{考核合格下属成员总数}{下属成员总数}\times 100\%$ 2. 下属成员考核合格率应达到＿＿%，每降低＿＿个百分点，扣＿＿分
	部门员工离职率	10%	1. 部门员工离职率＝$\frac{离职部门成员总数}{部门累计在册成员数}\times 100\%$ 2. 部门员工离职率应控制在＿＿%以内，每超出＿＿个百分点，扣＿＿分
	部门成员违规率	10%	1. 部门成员违规率＝$\frac{违规违纪累计次数}{考核期工作天数}$ 2. 部门成员违规率应控制在＿＿次/天，每超出＿＿次，扣＿＿分

11.3.2 人事经理结果标准

职位名称：人事经理　　　　　　　　　　评估时间：　　年　月　日

结果项目	评估指标	权重	评估标准
部门管理	部门计划完成率	15%	1. 部门计划完成率＝$\frac{实际完成部门计划项目数}{部门计划项目数}\times 100\%$ 2. 部门目标达成率达到＿＿%，每降低＿＿个百分点，扣＿＿分
	部门管理制度完整率	15%	1. 部门管理制度完整率＝$1-\frac{缺失管理制度数量}{部门制度标准数量}\times 100\%$ 2. 部门管理制度完整率应达到＿＿%，每降低＿＿个百分点，扣＿＿分
	部门预算执行率	15%	1. 部门预算执行率＝$\frac{部门实际支出费用}{部门预算费用}\times 100\%$ 2. 部门预算执行率控制在＿＿%以内，每超出＿＿个百分点，扣＿＿分

续表

结果项目	评估指标	权重	评估标准
员工管理	下属成员考核合格率	15%	1. 下属成员考核合格率=$\dfrac{考核合格下属成员总数}{下属成员总数}\times 100\%$ 2. 下属成员考核合格率应达到___%，每降低___个百分点，扣___分
员工管理	部门核心员工保有率	10%	1. 部门核心员工保有率=$1-\dfrac{部门核心员工离职总数}{部门核心员工累计总数}\times 100\%$ 2. 部门核心员工保有率应达到___%，每超出___个百分点，扣___分
员工管理	企业员工离职率	10%	1. 企业员工离职率=$\dfrac{企业离职员工总数}{企业累计在册人数}\times 100\%$ 2. 企业员工离职率应控制在___%以内，每超出___个百分点，扣___分
报告管理	业务报告审批及时率	10%	1. 业务报告审批及时率=$\dfrac{及时审批报告数}{总审批报告数}\times 100\%$ 2. 业务报告审批及时率目标值为___%，每降低___个百分点，扣___分
报告管理	文件提交及时率	10%	1. 文件提交及时率=$\dfrac{部门内及时提交文件数}{部门总提交文件数}\times 100\%$ 2. 文件提交及时率应达到___%，每降低___个百分点，扣___分

11.3.3 招聘专员结果标准

职位名称：招聘专员			评估时间：　　年　月　日

结果项目	评估指标	权重	评估标准
招聘计划管理	招聘计划达成率	15%	1. 招聘计划达成率=$\dfrac{通过试用期人数}{计划招聘人数}\times 100\%$ 2. 招聘计划达成率达到___%，每降低___个百分点，扣___分
招聘成本管理	招聘预算执行率	15%	1. 招聘预算执行率=$\dfrac{实际招聘支出}{招聘预算费用}\times 100\%$ 2. 招聘预算执行率应控制在___%以内，每超出___个百分点，扣___分
招聘成本管理	单位招聘成本执行率	15%	1. 单位招聘成本执行率=$\dfrac{实际招聘支出}{实际招聘人数}\div\dfrac{招聘预算费用}{计划招聘人数}$ 2. 单位招聘成本执行率应控制在___%以内，每超出___个百分点，扣___分

续表

结果项目	评估指标	权重	评估标准
招聘业务管理	职位空缺平均时间	15%	1. 职位空缺平均时间=$\frac{职位空缺总时间}{总空缺职位数}$ 2. 考核期内，职位空缺平均时间应控制在____天以内，每超出____天扣____分
	应聘比率	5%	1. 应聘比率=$\frac{应聘人员总数}{招聘职位总数}$ 2. 应聘比率应达到____%，每降低____个百分点，扣____分
	录用成功比率	5%	1. 录用比率=$\frac{录用人员胜任总数}{录用人员总数}\times100\%$ 2. 录用比率应达到____%，每降低____个百分点，扣____分
	新员工满意程度	10%	用人部门主管对新员工评价分数应达到____分，每降低____分，扣____分
	招聘渠道拓展计划完成率	10%	1. 招聘渠道拓展计划完成率=$\frac{实际拓展招聘渠道总数}{计划拓展招聘渠道总数}\times100\%$ 2. 招聘拓展计划完成率应达到____%，每降低____个百分点，扣____分
	人才库建设目标达成率	10%	1. 人才库建设目标达成率=$\frac{达成人才储备目标职位数}{人才库职位总数}\times100\%$ 2. 人才库建设目标达成率应达到____%，每降低____个百分点，扣____分

11.3.4 绩效专员结果标准

职位名称：绩效专员			评估时间： 年 月 日

结果项目	评估指标	权重	评估标准
计划管理	绩效考核计划完成率	15%	1. 绩效考核计划完成率=$\frac{绩效考核计划完成工作量}{绩效考核计划工作量}\times100$ 2. 绩效考核计划完成率应达到____%，每降低____个百分点，扣____分
	绩效考核体系优化达成率	15%	1. 绩效考核体系优化达成率=$\frac{绩效考核体系优化目标达成数}{绩效考核体系优化目标总数}\times100\%$ 2. 绩效考核体系优化达成率应达到____%，每降低____个百分点，扣____分

续表

结果项目	评估指标	权重	评估标准
绩效考核工作管理	绩效考核报告提交及时率	10%	1. 绩效考核报告提交及时率=$\frac{\text{及时提交绩效考核报告次数}}{\text{应提交绩效考核报告次数}} \times 100\%$ 2. 绩效考核报告提交及时率应达到____%，每降低____个百分点，扣____分
绩效考核工作管理	考核结果错误率	15%	1. 考核结果错误率=$\frac{\text{考核结果错误人数}}{\text{考核总人数}} \times 100\%$ 2. 考核结果错误率应控制在____%以内，每超出____个百分点，扣____分
绩效考核工作管理	绩效考核工作完成延迟天数	10%	截至考核期结束，累计延迟天数控制在____天以内，每超出____天，扣____分
绩效考核工作管理	绩效考核申诉处理平均天数	15%	考核期内绩效考核申诉处理平均天数应控制在____天以内，每超出____天，扣____分
绩效激励管理	绩效激励方案编制及时率	10%	1. 绩效激励方案编制及时率=$\frac{\text{及时编制绩效激励方案数量}}{\text{应编制绩效激励方案总数}} \times 100\%$ 2. 绩效激励方案编制及时率应达到____%，每降低____个百分点，扣____分
文件管理	考核资料归档率	5%	1. 考核资料归档率=$\frac{\text{归档考核档案数}}{\text{应归档考核档案总数}} \times 100\%$ 2. 考核资料归档率达到____%，每降低____个百分点，扣____分
服务管理	协作部门满意度	5%	协作部门满意度平均评分应达到____分，每降低____分，扣____分

11.3.5 薪酬专员结果标准

职位名称：薪酬专员　　　　　　　　　　　　评估时间：　年　月　日

结果项目	评估指标	权重	评估标准
人力成本管理	企业薪酬预算执行率	15%	1. 企业薪酬预算执行率=$\frac{\text{实际支付薪酬总值}}{\text{薪酬预算总值}} \times 100\%$ 2. 企业薪酬预算执行率应控制在____%以内，每超出____个百分点，扣____分
人力成本管理	人力成本分析报告错误率	10%	1. 人力成本分析报告错误率=$\frac{\text{报告出错次数}}{\text{提交报告文件数}}$ 2. 人力成本分析报告错误率应控制在____次，每超出____次，扣____分

续表

结果项目	评估指标	权重	评估标准
薪金管理	工资报表提交及时率	10%	1. 工资报表提交及时率＝$\frac{及时提交工资报表次数}{需提交工资报表次数}×100\%$ 2. 工资报表提交及时率应达到____%，每降低____个百分点，扣____分
薪金管理	薪金计算差错次数	10%	薪金计算差错次数每月应控制在____人次以内，每超出____人次，扣____分
薪金管理	薪酬异议处理平均天数	10%	薪酬异议处理平均天数应控制在____天以内，每超出____天，扣____分
社保管理	新入职员工社保办理及时率	10%	1. 新入职员工社保办理及时率＝$\frac{按时办理社保新进员工人数}{需办理社保新进员工总数}×100\%$ 2. 新入职员工社保办理及时率应达到____%，每降低____个百分点，扣____分
社保管理	保险基数准确率	10%	1. 保险基数准确率＝$1-\frac{社保基数错误人数}{办理社保总人数}×100\%$ 2. 保险基数准确率应达到____%，每降低____个百分点，扣____分
薪酬体系管理	薪酬福利体系优化目标达成率	15%	1. 薪酬福利体系优化目标达成率＝$\frac{薪酬福利体系优化目标达成数}{薪酬福利体系优化目标计划数}×100\%$ 2. 薪酬福利体系优化目标达成率应达到____%，每降低____个百分点，扣____分
薪酬体系管理	员工薪酬管理满意度	10%	员工对薪酬满意度评分平均分应达到____分，每降低____平均____分，扣____分

11.3.6 培训专员结果标准

职位名称：培训专员	评估时间： 年 月 日

结果项目	评估指标	权重	评估标准
培训计划管理	培训总数	10%	考核期内举办培训总数达到____次，每减少____次，扣____分
培训计划管理	培训计划完成率	15%	1. 培训计划完成率＝$\frac{实际完成培训项目数}{培训计划项目数}×100\%$ 2. 培训计划完成率应达到____%，每降低____个百分点，扣____分
培训计划管理	培训目标达成率	15%	1. 培训目标达成率＝$\frac{培训目标实际达成数}{培训目标计划数}×100\%$ 2. 培训目标达成率应达到____%，每降低____个百分点，扣____分

续表

结果项目	评估指标	权重	评估标准
培训成本管理	培训预算执行率	15%	1. 培训预算执行率=$\frac{实际培训费用}{培训预算费用}×100\%$ 2. 培训预算执行率应控制在____%以内，每超出____个百分点，扣____分
培训成本管理	人均培训成本	15%	1. 人均培训成本=$\frac{培训实际费用}{培训总人数}×100\%$ 2. 人均培训成本应控制在____元/人，每超出____个单位成本，扣____分
培训业务管理	培训考核达标率	10%	1. 培训考核达标率=$\frac{员工培训考核合格人数}{参与培训总人数}×100\%$ 2. 培训考核达标率应达到____%，每降低____个百分点，扣____分
培训业务管理	培训覆盖率	5%	1. 培训覆盖率=$\frac{实际培训人数}{计划培训人数}$ 2. 培训覆盖率应达到____%，每降低____个百分点，扣____分
培训业务管理	培训效果评估报告提交及时率	10%	1. 培训效果评估报告及时率=$\frac{及时培训效果评估报告数}{应提交培训效果评估报告总数}×100\%$ 2. 培训效果评估及时率应达到____%，每降低____个百分点，扣____分
培训业务管理	培训资料归档率	5%	1. 培训资料归档率=$\frac{归档培训资料数}{应归档培训资料总数}×100\%$ 2. 培训资料归档率应达到____%，每降低____个百分点，扣____分

11.3.7 人事专员结果标准

职位名称：人事专员　　　　　　　　　　　　评估时间：　　年　月　日

结果项目	评估指标	权重	评估标准
劳动合同管理	劳动合同手续办理及时率	10%	1. 劳动合同手续办理及时率=$\frac{及时办理劳动手续数}{需办理劳动手续数}×100\%$ 2. 劳动合同手续办理及时率应达到____%，每降低____个百分点，扣____分
劳动合同管理	合同管理出错次数	10%	劳动合同漏签、不按时签订、签订协议不符合实际情况的次数应控制在____次以内，每超出____次，扣____分

续表

结果项目	评估指标	权重	评估标准
人事变动手续管理	人事变动手续办理及时率	10%	1. 人事变动手续办理及时率=$\frac{\text{及时办理手续人次}}{\text{应办理手续总人次}} \times 100\%$ 2. 人事变动手续办理及时率应达到___%，每降低___个百分点，扣___分
档案管理	人事档案完整率	15%	1. 人事档案完整率=$1-\frac{\text{档案缺失数}}{\text{人事档案总数}} \times 100\%$ 2. 人事档案完整率应达到___%，每降低___个百分点，扣___分
档案管理	人事档案更新及时率	15%	1. 人事档案更新及时率=$\frac{\text{及时更新档案数量}}{\text{应更新档案总数}} \times 100\%$ 2. 人事档案更新及时率应达到___%，每降低___个百分点，扣___分
劳动纠纷管理	劳动纠纷损失金额	20%	考核期内劳动纠纷企业损失金额应控制在___元以内，每超出___元，扣___分
劳动纠纷管理	未和解劳动纠纷数量	20%	考核期结束为止，未达成和解劳动纠纷总数应控制在___件以内，每超出___件，扣___分

11.3.8　接待主管结果标准

职位名称：接待主管			评估时间：　　年　月　日

结果项目	评估指标	权重	评估标准
接待业务管理	接待方案提交及时率	10%	1. 部门计划完成率=$\frac{\text{实际完成部门计划项目数}}{\text{部门计划项目数}} \times 100\%$ 2. 部门计划完成率应达到___%，每降低___个百分点，扣___分
接待业务管理	接待方案更改次数	10%	接待方案因安排不当而进行变更的次数应控制在___次以内，每超出___次，扣___分
接待业务管理	信息传递及时率	15%	1. 信息传递及时率=$\frac{\text{及时传递信息总数}}{\text{需传递信息总数}} \times 100\%$ 2. 信息传递及时率应达到___%，每降低___个百分点，扣___分
预算管理	接待预算执行率	15%	1. 接待预算执行率=$\frac{\text{实际接待费用支出}}{\text{接待预算费用}} \times 100\%$ 2. 接待预算执行率应控制在___元，每超出___元，扣___分

续表

结果项目	评估指标	权重	评估标准
服务管理	接待服务满意度	10%	1. 接待服务满意度=$\dfrac{内外部人员满意度评分总和}{评分人员总数}$ 2. 接待服务满意率应达到____%，每降低____个百分点，扣____分
服务管理	有效投诉次数	10%	因服务不周或服务态度等原因收到的客服有效投诉应控制在____次以内，每超出____次，扣____分
文件管理	接待记录完整准确率	5%	1. 接待记录完整准确率=$1-\dfrac{漏记或记错接待记录条数}{接待记录总数}\times100\%$ 2. 接待记录完整准确率应达到____%，每降低____个百分点，扣____分
文件管理	接待档案归档率	5%	1. 接待档案归档率=$\dfrac{接待文件归档数}{需归档文件总数}\times100\%$ 2. 接待档案归档率应达到____%，每降低____个百分点，扣____分
员工管理	接待培训计划完成率	10%	1. 接待培训计划完成率=$\dfrac{接待培训完成项目数}{接待培训计划项目数}\times100\%$ 2. 接待培训计划完成率达____%，每降低____个百分点，扣____分
员工管理	下属成员违规率	10%	1. 下属成员违规率=$\dfrac{违规违纪次数}{考核期工作天数}$ 2. 下属成员违规率应控制在____次/天，每超出____次，扣____分

11.3.9 办公秘书结果标准

职位名称：办公秘书			评估时间： 年 月 日

结果项目	评估指标	权重	评估标准
文件管理	文件录入错误率	10%	1. 文件录入错误率=$\dfrac{文件录入错误次数}{录入文件总数}$ 2. 文件录入错误率应控制在____次/件以内，每超出____单位，扣____分
文件管理	公文编制返稿率	15%	1. 公文编制返稿率=$\dfrac{返稿总次数}{编制公文总数}$ 2. 公文编制返稿率应控制在____次/件以内，每超出____单位，扣____分

续表

结果项目	评估指标	权重	评估标准
文件管理	文件处理及时率	10%	1. 文件处理及时率 = $\dfrac{及时处理文件总数}{需处理文件总数} \times 100\%$ 2. 文件处理及时率应达到____%,每降低____个百分点,扣____分
日程管理	日程安排合理率	15%	1. 日程安排合理率 = $1 - \dfrac{不合理日程安排总数}{日程安排总数} \times 100\%$ 2. 日程安排合理率应达到____%,每降低____个百分点,扣____分
信息管理	信息传达及时性	15%	考核期内未能及时将信息准确传达,造成企业损失的次数应控制在____次以内,每超出____次,扣____分
会议管理	会议准备差错率	15%	1. 会议准备差错率 = $\dfrac{因会议准备出错造成会议延迟的次数}{会议安排总数} \times 100\%$ 2. 会议准备差错率应控制在____%以内,每超出____个百分点,扣____分
会议管理	独立解决突发事件率	10%	1. 独立解决突发事件率 = $\dfrac{独立解决突发事件次数}{突发事件总数} \times 100\%$ 2. 独立解决突发事件率应达到____%,每降低____个百分点,扣____分
会议管理	会议记录完整率	10%	1. 会议记录完整率 = $1 - \dfrac{会议要项缺失数}{会议要项总数} \times 100\%$ 2. 会议记录完整率应达到____%,每降低____个百分点,扣____分